鎌倉＆三浦半島 山から海へ30コース

目次

楽しく、そしてちょっと賢く歩くには ……… 4
各コースの見方・使い方 ……………………… 5
グラビア・春夏秋冬 …………………………… 6
ネイチャー＆ヒストリートーク❶
「身近な秘境と歴史のコラボ」 ……………… 14

鎌倉エリア

1 台峯緑地から由比ヶ浜 ……………………… 16
2 大仏切通しから鎌倉広町緑地 …………… 20
3 鎌倉アルプスの拡大縦走 ………………… 24
4 鎌倉随一の秘境：番場ヶ谷 ……………… 28
5 本郷台から散在ヶ池、衣張山へ ………… 30
6 鎌倉外郭防御線ハイキング ……………… 34
ネイチャー＆ヒストリートーク❷
「台風被害から歴史を感じてみよう」 …… 38

南横浜・逗子エリア

7 横浜南部の森と源流めぐり ……………… 40
8 永福寺から称名寺へ ……………………… 44
9 池子の森外周、鷹取山と神武寺 ………… 48
10 朝夷奈と名越、鎌倉・逗子市境 ………… 52
ネイチャー＆ヒストリートーク❸
「池子の森、その数奇な運命」 …………… 56

葉山エリア

11 葉山アルプス縦走 ………………………… 58
12 古東海道と畠山 …………………………… 62
13 森戸川源流域の南北縦断 ………………… 66
14 森戸中尾根から上山口の里へ …………… 68
15 森戸奥の源流から源流へ ………………… 72
16 三山縦走から畠山へ ……………………… 76
17 三浦西海岸沿いに海・山・里めぐり …… 80
ネイチャー＆ヒストリートーク❹
「三浦で一番深い山：森戸川源流域」 …… 84

横須賀エリア

18 博物館と猿島 ……………………………… 86
19 大楠山❶ 塚山公園から天神島まで …… 88
20 大楠山❷ 前田川から衣笠山まで ……… 92
21 大楠山 下りのバリエーション ………… 96
22 北武断層を追って ………………………… 100

23 観音崎界隈の史跡と海 …………………… 104
24 久里浜から浦賀へ ………………………… 108
25 三浦富士から武山へ ……………………… 112
ネイチャー＆ヒストリートーク❺
「要塞地帯から自由エリアへ」 …………… 116

三崎エリア

26 小松ヶ池から荒崎海岸へ ………………… 118
　（附：潮位表の見方）
27 小網代の森から黒崎の鼻へ ……………… 122
28 岩堂山から剱崎海岸へ …………………… 126
29 三浦南岸から城ヶ島へ …………………… 130
ネイチャー＆ヒストリートーク❻
「奇跡の二乗でよみがえった自然境」 …… 134

鎌倉＆三浦半島あれこれ

30 三浦分水嶺の全線を極める ……………… 136
●自然と歴史の連続講座 ❶
「複雑きわまる地質形成史」 ……………… 140
●自然と歴史の連続講座 ❷
「尾根と谷の織りなす細密地形」 ………… 142
●自然と歴史の連続講座 ❸
「歴史概説と年表」 ………………………… 144
●自然と歴史の連続講座 ❹
「自然保護のホットエリア」 ……………… 146
●自然と歴史の連続講座 ❺
「モザイクの様に絡み合う植生分布」 …… 148
名山 10 選 ……………………………………… 150
名海 10 選 ……………………………………… 151
名森 10 選 ……………………………………… 152
名道 10 選 ……………………………………… 153
● 鎌倉＆三浦 13 湯 ………………………… 154
● 交通アクセスと地図あれこれ ………… 156
● 巻末トピックス
　日本百名山と鎌倉＆三浦半島の山々 …… 158
ネイチャー＆ヒストリートーク❼
「マクロに知ろう！」 ……………………… 159

写真
カバー表……初夏の小網代の森 ➡ 122 ページ
カバー裏……黒崎の鼻 ➡ 122 ページ
扉……広町緑地を行く ➡ 21 ページ

※本書のデータは 2021 年 9 月現在のものです

本書を使って楽しく、そしてちょっと賢く歩くには

1. まずはコース選び
　鎌倉＆三浦半島を、ほぼ行政区分に従って5エリアに区分。大まかに、北部では歴史ムード、中部では奥深い山、南部では海の香りと、好みと興味で見当をつける。同時にハイキングレベルや季節を確かめて、コースを選択。

2. 各コースのチェック
　本文と地図で、コースと見処の概念を掴み、更に以下の各欄をチェック。
　「注目スポット」コースの中で、特に注目すべきスポットについて突っ込んだ解説を加えた。
　「道草トーク」特定のポイントに限らず、大きなテーマ、他コースとも普遍的な話題を解説。
　「サブコース」メーンコース以外でお勧めのコースを紹介。
　「延長コース」メーンコースでは歩き足らない場合、また他コースとドッキングして歩き応えを求める場合にお勧め。
　「逆コース」メーンコースとは逆に歩いた時のメリット・デメリットがある場合について解説。

3. 現地での使い方
　カバー折り返しの裏側トップに全体地図と地図凡例を、裏側ラストにクラスや季節、おすすめ度について再掲してあるので、下図を参考に活用を。

4. まとめとして
　最終章「あれこれ」には、全体のまとめとして、歴史と自然の連続講座や、名山・名海・名道・名森の各10選、下山後のお楽しみ13湯などを特集。個々のハイキングコースとは別に、全体を連携させ、通しで読むことで鎌倉＆三浦半島一帯の自然と歴史について総体的に理解できるし、更に三浦全体への興味を持って頂ければ。また、連続講座から13湯までは索引的機能も持たせてあるので、通常とは逆に、歴史や自然で興味の湧いた個々の事物から目的コースを選んでも良い。また「交通アクセス、地図あれこれ」にも目を通し、必要に応じて活用していただきたい。

※本書のエリアは大都会に近いこともあって、車道や施設、山道を含め変化が激しい。紹介したルートが通行できずにう回を余儀なくされたりなど、想定外の可能性が大であることを念頭に歩いて欲しい。

登山届について
　神奈川県警のウェブサイトを見ると、登山届の提出エリアは丹沢や箱根が主体で、三浦エリアでの遭難は想定されていないようだ。だが、葉山の奥山に踏み込むコースの他、上級クラスあたりでは出しておいた方が賢明だろう。登山届の提出を習慣付けておくためにも。

★ WEB 提出の場合
神奈川県警察のホームページにアクセス→「安全情報」クリック→「暮らしの安全情報」「海・山の事故」クリック→「登山を楽しく安全に」クリック→「登山計画書の提出方法」クリック→「神奈川県警察のオンライン登山計画書届出フォーム」などをクリックして必要な情報を入力・送信しておく。**★郵送またはFAXの場合**
〒231-8403 横浜市中区海岸通2-4 神奈川県警察本部地域部地域総務課
TEL 代表 （045）211-1212
FAX 直通 （045）212-0182
記入項目：①リーダーの氏名・住所・TEL・緊急時連絡先TEL、②目的地・入山日・登山口・下山口、③その他のメンバーの氏名・緊急連絡先TEL

カバーを外して所定のページにはさみこみ、地図と地図凡例をつきあわせる

各コースの見方・使い方

●レベル

クラス	初級	中級	上級
一言で	しっかりウオーキング級	地図読みハイキング級	ちょっぴり探査級
ルート状況	行政等により経常的に整備がなされ、道標等も整っている	コースの一部は未整備で道標等がはっきりしていない所がある	一部に道標皆無で、渓流歩きやヤブこぎが含まれる。ただしロープは不要
ハイカーに求められる技術	山中では特に必要ないが、町中では地図を見て歩けるように	地図読みができ、地図上での自分の現在地が把握できている	地図から地形を、地形から地図を読み取る能力と、現場の変化への対応力が必要
必要な装備	スニーカー程度でも可、雨具は用意したい	しっかりしたウオーキングシューズや軽登山靴、雨具・軍手も必要	防水の効いた軽登山靴が必要。軍手・コンパス・レインコート等必須

●歩行タイム：休憩を含まない純粋な歩行時間。実際の行動では2割から5割増しを想定して欲しい。

●季節

歩行適期	対象コースの特徴	注意点など
12～3月	一部にヤブや沢歩きを含む	マムシとスズメバチの完全なオフシーズンとした。ただし注意を払っていれば11月から4月くういまでOK
11～4月	通常の山歩きルート	マムシとスズメバチがほぼ安全な期間。ヤブなどなければ10月から5月半ばくらいは可だが、注意は怠りなく
10～6月	整備された遊歩道中心	7～9月も歩けないことはないが、不快度は高い
ほぼ通年	海岸歩きの割合が長い	水に接する場面は多いが、夏期の熱中症には要注意

●おすすめ度

	歴史	自然	観光
★★★	コース全域に広く史跡あり	全域が豊かな自然境	中途や終点にポイント多数
★★	歴史をテーマにそれなりに歩ける	半分以上が自然境	終点付近なら色々楽しめる
★	コース中に史跡が一つある	一部に自然境が残る	終点付近でどうにかOK

●アドバイス：各コース2ページ目の下端に掲載。コースを歩く上での注意事項や、特におすすめの季節など記載してあるので、チェックの程を。
●交通アプローチ：バスは1時間当たりの本数も記したので、少ない路線では156Pを参考に、ネットで調べたり所轄営業所に問い合わせると良い。

●地図凡例

	コース種別	メーンコース	サブ・延長コース	コース外の道
ルート整備度	車道または車道脇の歩道	———	———	———
	経常的に整備されている山道、遊歩道	− − − −	− − − −	− − − −
	経常的整備なし。年によっては歩けない可能性あり	·········	·········	·········
マーク	┌→✕ 立入禁止ポイント　　Ⓦ お勧めトイレ　　WC その他のトイレ　　道標あり　　Ⓒ コンビニあり			
	注目スポット　　メーン写真（各コースのトップページ下）の撮影地点			
	信号機と信号機の所在名称　　♀ バス停　　富士山のビューポイント			

称名寺の春。太鼓橋と阿字ヶ池、桜のコンビが極楽浄土を現出 → 47 p

フジの花の紫が、新緑をバックにより鮮やか。浄明寺緑地で → 32 p

春の花は2月にスタートする。河津桜に始まり、3月下旬のソメイヨシノはもちろん、白色系のオオシマザクラも全エリアで見られ、芽吹きと相まってパステルトーンの世界となる。

大楠平で菜の花が満開。圧倒的な存在感でそびえるのが国土交通省のレーダー雨量計で、高さは49.5 m→89 p、93 p

鎌倉随一の秘境、番場ヶ谷。プロローグでいきなり現れる一枚岩のスロープ。→ 29 p

ゴールデンウィークの頃から夏らしい風や青がはっきりとしてくる。海も山も、瑞々しい躍動感があふれる。水と戯れることができるのも夏ならではの楽しみだ。

初夏の森戸海岸。ヨットの帆の白と競うかのように、霊峰富士が低空に浮かぶ
→75p

天神島が北限のハマユウ（ハマオモト）、花の見ごろは7月前後→90p

左:京都の古刹を思わせるような、神武寺の見事な紅葉（→50ｐ）右:釜利谷ジャンクション狭間のプロムナードは、小さなせせらぎにモミジが連なる穴場→41ｐ

盛秋の訪れは遅く、また短い。木々は一斉に色づき、一斉に散っていく。その潔さは坂東武者の精神にも通じる。華々しく散った後は、鮮やかな余韻を残す。

鎌倉随一を誇る、獅子舞谷の紅葉。中央で放射状の枝を伸ばすのはイチョウの巨木→45p

安藤広重も愛でた、奇勝「立石」。荒々しさの中に、不思議な静けさが漂う→ 82 p、99p

もう一つの主役である海は、冬こそ魅せてくれる。海水は澄みわたり、冬晴れの青空を映し出してエメラルドグリーンやコバルトブルーに。時には穏やか、時には荒々しく。

荒崎「どんどんびき」上の展望台から。地層が織り成す神の造形美→119p

関東大震災によって陸地化した千畳敷は、荒ぶる海がよく似合う→131p

ネイチャー＆ヒストリートーク ①

身近な秘境と歴史のコラボ

Mr.マック
山好きで、山周辺の分野をあれこれ思索するのも得意。鎌倉＆三浦半島のことなら何でも詳しい。特に地質と歴史が十八番。

みゅう
ちょっぴり熱い山ガール。Mr.マックから色々と勉強中。なかでも動植物のことなら、いっぱしの自信あり。

Mr.マック： 鎌倉＆三浦半島のハイキングというと、これまではタウンウオークが中心だったよね。でもこれからは積極的に山と自然にも踏み込んでほしいんだ。

みゅう： とはいっても山自体は小さいわよね。そんなハンディを跳ね返すような、他のエリアの山歩きにはない面白さってあるの？

Mr.マック： まずは海が感じられることだね。どんな山でも海の展望があるし、下り着けばたいがいは海だ。またその海が、絶景の所が多いんだな。

みゅう： そういえば、海での日没を見る機会が多いわ。他の山歩きでは、あまり経験できないことよね。

Mr.マック： 次は「どんでん返しの妙」かな。普通の山歩きでは、街→里→山麓→山中と段階的に山まで踏み込んでいくんだけど、ここでは街や里を歩いていたのが、いつの間にか一気に山奥に踏み込んでいる。まさに戸板一枚で別世界。これは細密な地形のもたらす効果でもあるんだけどね。

みゅう： 海から山、また海なんて、めまぐるしいくらいに連続するコースもあるわ。

Mr.マック： 通常のコースなら半日単位でこなせることも魅力だね。山地形そのものが小さいし、都心にも近いからアプローチに時間を必要としないからね。

みゅう： それなら残る半日は観光してもグルメしてもいいし、ちょっと寝坊しても大丈夫ね（てへっ）！

Mr.マック： そして見逃せないのが、歴史の香りが豊富に色濃く残されていることなんだ。縄文時代から現代まで、途切れなく年表ができてしまう。（➡144P）山歩きのエリアでこんな所は、他にはないんじゃないかな。

みゅう： なるほど！　自然風景が３次元なら、そこに歴史の深みが加わることで４次元の世界に浸れるわけなのね。

Mr.マック： ハイキングを通じて、身近な秘境と歴史のコラボレーションを堪能できる、そこが最大の魅力だよ。

14

夕照の七里ヶ浜
冬の短い日差しが海岸を不思議色に染め上げる。1日の長い行程もいよいよフィナーレ
➡ 22ページ

第 I 章

鎌倉
KAMAKURA

01
台峯緑地から由比ヶ浜
豊かな緑地をめぐって明るい海へ

レベル	中級
歩行タイム	3時間50分
季節	11月～4月

歴史 ★★★　自然 ★★　観光 ★★★

鎌倉西縁の山をたどる大仏ハイキングコースといえば、鎌倉アルプスに次ぐ人気コースだがいささか短い。ここでは前座として鎌倉西北部で保全の進む緑地をめぐり、後付けに由比ヶ浜散策をプラスしてみたい。前座とはいいながらここの緑地の価値を知ると、むしろ大仏コースがオマケと思えてくるだろう。

冬でも華やかムードの由比ヶ浜海上

銭洗弁天付近の紅葉は、当たりはずれが少なく例年素晴らしい色を見せてくれる

鎌倉エリア
Kamakura

　湘南モノレールは、珍しい懸垂式で遊園地の乗り物のよう。もっと乗っていたいが、湘南町屋で下車して鎌倉中央公園へ。谷戸に広がっていた田畑の里風景を活かす形で整備された同種の公園の中では先駆的存在だ。周囲の山と森が大いに残されているのがいい。休憩スポットも多く、歩き始めながらもついつい休んでしまう。春なら桜と芽吹きの森が絶妙のコラボを見せてくれる。

　谷戸の棚田の縁にある遊歩道を上がる。公園梶原口を出て直ぐに左手の山道に入る。ここからが整備中の台峯緑地に当たり、プロローグは大蛇桜。ヤマタノオロチそのままに、極太の幹が根元から競い合うように伸び上がる様には、不気味なまでの迫力がある。そのまま尾根上の道をたどっていく。一旦、谷脇入口から公園を出る。坂を下り、これまで歩いてきた山側を右に見つつ歩いて行くと山崎小学校の校庭に出くわす。

　※ここから谷戸道と尾根道に分かれる。現地の状況や、好みに応じて、コース取りを決めると良い。

台峯緑地の大蛇桜はヤマザクラ。特異なスタイルはかつて薪炭用に樹を伐った名残だ。オロチの如く8本の主幹を天に向け融通無碍に延ばしているが、2019.9の台風で1本が折れてしまった。ダメージが心配。なお案内看板はないので、気を付けていないと見過ごすかもしれない。

【コース①谷戸を通行する場合】

　正面にそのまま進めば山崎子ども会館入口を経て、ほどなく原始的なムードの谷戸に突入する。ここもかつては山間の水田であったエリアだ。ほぼ中央部に、灌漑用であった池がある。以前は幽すいでミステリアスであったのだが、公園整備に伴い随分と明るいムードになった。とはいえ街の気配を絶った深山ムード、数分前まで小学校のある住宅地にいたとは思えない。池の先で谷戸はいよいよ雄大になったかと思うと深い森に入り、抜けた所は何事もなかったかのように住宅地。この変わり身の早さは、いかにも鎌倉の山だ。バス通りに出て源氏山へ。

【コース②尾根を通行する場合】

　校庭の所で左に曲がり小学校を回り込んでいく。もう一つのグラウンドの手前で右に入ると、山崎小入口を経て尾根道となる。ここも台峯緑地の一角で、先刻の大蛇桜付近の鬱蒼とした尾根とは打って変わって、いかにも親子連れの散策に似合いそうな明るく気持ちの良い森だ。北鎌倉女子学園のグラウンドの縁を回り込んで南へ、やがて左手に休憩に絶好の展望広場が現れる。正面には円覚寺の堂宇、背後に六国見山が大きく横たわる。山ノ内配水池脇に出て源氏山へ向かう。

　※ここで両ルート合流

　源氏山公園一帯は紅葉の盛り、中でも道が三角形状に展開する一帯の見事さは、鎌倉でも獅子舞谷と双璧ではないだろうか。ここから大仏ハイキングコースに入るが、ヤブ道に自信のある人は（分岐点に「峯山・梶原口」のプレートあり）、西に下ってタチンダイ（→注目スポット①）に寄る

台峯緑地は3本のルート（大蛇桜のある尾根道、池のある谷戸道、東側の尾根道）があるので、ジグザグに複数を組み合わせることで変化ある山歩きが楽しめる。

と良い。道路を渡りカフェテラス樹ガーデン（→注目スポット②）に上がる階段から尾根道に戻れる。この森深い喫茶コーナーも絶好の立ち寄りスポットだ。コースに戻ってしばらく、大仏切通しへの急坂を下る。車道直前で登り階段に転進、うんざりするほど長いが、登り詰めた長谷配水池にはゆったりベンチもあって人も少ない。先刻の樹ガーデンをパスした場合の休憩にはお勧め。その先は、狭い谷戸に品のいい住宅が並び、そのまま極楽寺へ。江ノ電の名物隧道を下に見て、ひと登りはあっても成就院前まで上がりたい。名物の下り階段は新装なってアジサイもすっきり整理された。正面に見える由比ヶ浜の眺めは、縦構図に明るいブルーがハマり実にいい。

後は浜に出て海岸を真っ直ぐに歩く。いつ来てもここには垢抜けたムードが漂う。滑川を前に若宮大路に入る。まっすぐ歩けば駅だが、最後にもうひとひねり。海岸橋で右に折れ、鎌倉中央部で唯一の銭湯：清水湯へ。昭和そのままの造りは、これもまた今に残る「歴史」には違いない。➡ 154 ページ【12月上旬歩く】

● 注目スポット❶「タチンダイ」

多くの地図に「北条氏常盤邸跡」と記入されていて、谷戸の最奥の壁には印象的なやぐらが穿たれている。一帯は「館の台（たちのだい）」が訛った、タチンダイと呼ばれている。1970年代に宅地開発されかけたところ遺跡が見つかり、僅か1年余りで史跡指定して開発がストップしたのはさすが鎌倉だ。今なお史跡整備も進まず、鎌倉の核心にありながら全く観光ズレしていない。人の気配のない広場の中央で、鎌倉の奇跡を噛みしめてみて欲しい。

● 注目スポット❷「Cafe Terrace 樹（いつき）ガーデン」

ここは正に天空のカフェ。山深いハイキングコースの只中に看板があって、階段を下ると目の前に開ける緑と煉瓦テラスのコラボには感嘆の声を上げたくなる。ハイクコースの茶屋ならあちらこちらにあるが、こんなスタイルはオンリーワンだろう。以前は接待等も素朴な印象で客もそう多くはなかったが、今では大概は順番待ちである。一方で店員の応対やメニューは遥かに洗練された。森と煉瓦に包まれて茶を嗜むひと時は格別だ。営業：土日祝日 10:00 ～ 17:30 平日は 17:00 まで ☎ 0467-31-4869

Mr.マックの道草トーク「台峯緑地」

かつては谷戸あいに広がる田畑だったんだけれど、北鎌倉駅から遠くないので宅地開発の計画があったんだ。一方で2008年頃から地元有志が保全活動を始め、荒れた里山の手入れが行われるようになった。やがて鎌倉市も動いてエリア全体を購入したんだよ。お隣の鎌倉中央公園と連結すれば、広いエリアのまとまった緑地になる。連携による相乗作用でどんな自然ワールドになるのか、とても楽しみだね。ＮＰＯ法人も熱心に活動を続けているよ。ここには谷戸道を含め3本の縦貫道があるから、上手く組み合わせ一筆書きのコースにして、源氏山方面に抜けて欲しいね。

整備前の谷戸の池。整備によって大きく変貌した

台峯緑地から由比ヶ浜

◆**サブコース：【初級】**こちらは大仏ハイキングコースのメーンコースで、大概の人が利用している。北鎌倉駅からスタートし浄智寺の脇から山道へ。展望ゼロの天柱峰を経てそのまま葛原岡神社前に出る。そのままコースを歩き、長谷配水池方面に上がらず大仏前に下りれば、所要タイムは半分で済む。簡単といえば簡単、しかし安心コース➡**北鎌倉駅（35分）葛原岡神社（65分）鎌倉大仏（10分）長谷駅**

交通アプローチ
行き：湘南町屋駅から徒歩、または鎌倉駅（徒歩3分）
　　　鎌倉市役所前（鎌倉中央公園行きバス15分、1～2本/1時間）鎌倉中央公園
帰り：鎌倉駅

参考タイム
湘南町屋駅（15分）鎌倉中央公園（20分）大蛇桜（25分）山崎小学校（45分）葛原岡神社（30分）カフェテラス樹ガーデン（30分）長谷配水池（20分）成就院（25分）滑川橋（20分）鎌倉駅、または滑川橋（15分）清水湯（15分）鎌倉駅

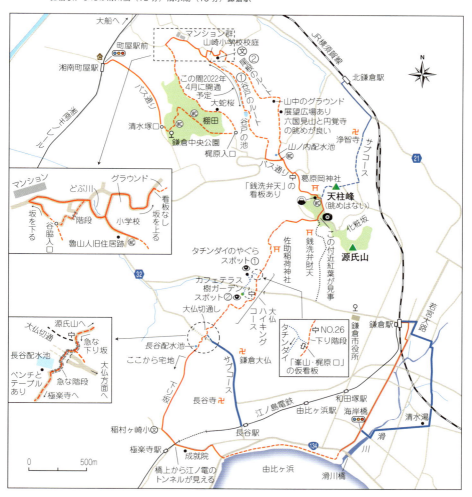

19

02
大仏切通しから鎌倉広町緑地
坂を詰め、街へ緑地へ海岸へ

レベル	中級
歩行タイム	2時間55分
季節	11月〜5月

📖 歴史 ★★　🍃 自然 ★★　📷 観光 ★★

山に囲まれた鎌倉は当然ながら坂の街でもある。一つひとつの坂道に風情があり、また坂を越えるとこれまでとは一変した風景が目に飛び込んでくる所が多い。垢抜けた鎌倉山の街並み、市民運動で守られた広町緑地、そしてメジャー中のメジャー：七里ヶ浜の海景色を求め、いくつもの坂を越えてみよう。

広町緑地で見つけたヤマユリ（神奈川県花）

大仏切通しの核心部。左右から覆い被さるような巨岩が主役だが、岩肌に絡む苔やシダ類の緑が、雰囲気づくりに一役買っている

鎌倉エリア
Kamakura

まずは大仏様を拝んでいこう。相次ぐ地震・津波・火災で、鎌倉期の建造物はそのことごとくが失われているが、府中の造営物で唯一残されているのが大仏といえる。穏やかな表情の中に秘められた強さを想う。

そのまま山奥へ、大仏切通しに向かう。本日最初の坂だ。大半のハイカーは分岐から右へ、源氏山へのハイクコースへ向かうが、さもありなん、左の切通し方面の道はさほど良さげには見えない。最初に越える最高部からして平凡な風情、なんだこんなものかと思う。が、下るにつれ本領発揮、切通し地形が現れるごとに迫力を増す。

やぐらが穿たれた大壁の迫力に満足したら下界に出る。大仏前からのバス通りを渡り谷戸の街並みの間の坂を詰めるが、周囲の家々はフツーな感じ。ところが坂の最上部の、如何にも鎌倉の小谷戸らしいミニトンネルを極楽寺側へ抜けると、街の様相が変わって見える。どこか曰くありげな家が点在し、街全体までが個性的に思えるのである。そんな街を下りきる前、月影地蔵堂の手前で右手の山道に入る。斜面につづら折れのルートになり、峠越えのムードは満点。峠は十字路になっており右折する。ほどなく、谷戸の宅地越しに初めて海を見る。分岐がいくつかあり、海の眺めの良さそうな左手に進みたくなるのをぐっとこらえて、あくまで尾根通しの山坂を登れば鎌倉山のメーンロードに出る。

鎌倉山の街並みは時に海を感じながら、鎌倉でもリゾート的ムードが漂う。個性溢れる小粋な家が多く、建物探訪チックで飽きさせない。ツリーハウスや小さなギャラリーショップ、ギリシア風円柱の壁面など

極楽寺側へ抜ける峠のトンネル。光の出口の先に待つものは？

など。

道路の尽きる果てが広町緑地（➡道草トーク）の入口だ。「石切場」の小さな道標を頼りに、森中の細い坂道を上る。尾根を越え急下降となって水辺混じりの谷戸底に出る。かつての田圃の跡で、保護運動で開発を免れた核心部に当たる。田植えを終えたばかりなのか苗は不揃いで列もバラバラ、いかにも素人くさい（失礼！）のがいい。名物の巨大エノキにも立ち寄ろう。

管理棟のある中央部から反対側の谷戸に入る。再び尾根道となって、本日最後になる山坂を登って行く。登りきった所が七里ヶ浜入口でそのまま住宅地に出る。区画整然とした車道の果てに見えるのは水平線。まっすぐに海を目指す。崖上に沿う道路に出て、いっぺんに開ける海の広さに驚く。斜め眼下の江の島が湘南の海を象徴し、斜光線に海面が煌めき眩しい。こんな絶景をいながらに眺められる周辺の家々がなんとも羨ましい限り。

住宅地の坂道を下って行く。左右に分岐があるがあくまで海岸を目指し「この先行き止まり」の看板も構わず進む。下り着くと「行き止まり」の意味がわかる。江ノ電

午前を鎌倉市内観光に当て、コースタイムを逆算して夕刻頃に七里ヶ浜を歩けるようにすれば、夕照の景観が素晴らしいプラスαの思い出になる。

七里ヶ浜住宅地の海寄り道路から、絶景の湘南海岸が開ける

の線路にぶち当たるのである。遮断機や警報機もない踏み板を渡る。少々江ノ電沿いに歩いてみよう。線路の向こう側に住宅の門が並ぶが、たいがいはダイレクトに枕木の上を歩いて車道に出る構図。が、近年事故も起きている。庶民的な江ノ電の「緩さ」はいつまで残されるのだろうか。

　七里ヶ浜駅前の道路から真っ直ぐ海岸線に出る。最早ここは観光湘南の真っただ中。軽装の男女がそぞろ歩く中、渋滞中の湾岸道路を渡る。つい先刻まで静寂の里風景の中にいたとは信じられないようなギャップ。終点の稲村ヶ崎まで通常は車道脇の歩道を歩くが、「山から海へ」のハイカーなら是非にも海辺に下りて、そのまま浜通しで歩きたい。ただし稲村ヶ崎の直前で、2019年の高潮により車道まで沈んだ箇所があり、改修工事でテトラポッドを積んであるためかなり潮が引かないと渡れない。幸い歩道に上がる階段が要所にあるので、巻いてからまた浜に下りればよい。

　当然ながら稲村ヶ崎も人で溢れる。かつての古戦場も、史跡より海の風情を求める人が殆どだろう。七里ヶ浜と江の島、そして背後の富士・箱根・伊豆の連嶺の眺めは、ステレオタイプながらいつまでも見飽きのこない一級品だ。いくつもの坂を越えた果てに見える景色の締め括りに相応しい。【6月上旬歩く】

江ノ電を渡る。踏み板はあるが警報機無し

 Mr.マックの道草トーク
「鎌倉広町緑地」

広町緑地は古都鎌倉の自然保護のシンボル的存在だね。50ヘクタール近い広大な里山に40年も前から宅地開発が進められようとしていたんだ。反対運動が近隣の住民から始まって市民全体に広がり、何度もマスコミを賑わしたのを思い出すよ。結局は広範な運動が市を動かし、2002年に緑地買い取りが決まって、15年に都市公園として正式開業したんだね。今は市民ボランティアグループによって田圃や森の自然が総合的に管理されているよ。まさに鎌倉市民の知性と良識によって守られ育てられている、大いなる市民財産といえるね。

広町緑地中央部で水を張った田圃

大仏切通しから鎌倉広町緑地

◉ 注目スポット「広町の大エノキ」

山中にある桜の大木と並んで、広町緑地のシンボル的存在。地面にごく近い高さから、極太の枝が何本も地を這うように四囲に広がっているのがユニーク。この１本が占める有効面積はとてつもなく広い。冬枯れしていると樹形がよくわかるが、葉を付けきると一つの小山の様で全く違った景観に見える。筆者など案内看板がなければうっかり通り過ぎてしまうところであった。

6月の大エノキ

12月の大エノキ

◆ 短縮コース

大仏切通しと山越えトンネルを省き、極楽寺駅からスタートする手がある。稲村ヶ崎小学校の渡り廊下をくぐり、谷戸を奥へ、月影地蔵堂から本コースと一緒になる。また、稲村ヶ崎駅からスタートしてもいい。線路沿いに極楽寺駅方面へ歩く。左手に分かれる車道(滑り止め○刻印あり)を上がると左寄りにちょっとお洒落な階段が続いている。そのまま上がり小粋な看板の所で右に。真っ直ぐに詰めれば峠上から山道が始まり、極楽寺からの峠の十字路に出る。

◆ 逆コース

坂を越える感動ポイントがすべて逆になるので、あまりお勧めしない。

◆ 他コース接続

①コース、大仏ハイキングコースに続けて、大仏切通しから入れば歩き応えのある１日コースになる。

◆ 下山後のお楽しみ

「稲村ヶ崎温泉」(➡ 154 ページ)

交通アプローチ

行き：鎌倉駅（江ノ電）長谷駅
帰り：稲村ヶ崎駅（江ノ電）鎌倉駅または藤沢駅

参考タイム

長谷駅（10分）大仏（10分）大仏切通し（30分）月影地蔵堂（10分）鎌倉山神社前（40分）広町緑地管理棟（40分）七里ヶ浜駅（30分）稲村ヶ崎（5分）稲村ヶ崎駅

23

03
鎌倉アルプスの拡大縦走
朝夷奈切通しから六国見山まで

レベル	初級
歩行タイム	3時間10分
季節	11月～5月

歴史 ★★　自然 ★★　観光 ★★

ご存知鎌倉アルプス、鎌倉北嶺の山々だ。全国に数あるミニアルプスの先駆的存在で、シーズンの休日ともなれば行き交うハイカーで溢れる。瑞泉寺→天園→明月院とたどるのが定番だが、その前段に鎌倉随一の天嶮：朝夷奈切通し越え、後段に展望の聖地：六国見山を加えて、充実の歩きごたえを求めたい。

十二所の脇道から尾根に上がるポイントには洒落たサインがあったのだが……

六国見山展望台からの眺め。パステルトーンの山が連なるが、谷底には横須賀線を始め、街がいくつも連なっている

鎌倉エリア
Kamakura

鎌倉市最高峰：大平山は、岩肌が露出して不規則な階段状になっている

　朝夷奈切通し越えが本日の第1ステージ。ただ、金沢側の入口は山中に工場の建物、続けて高速道がのしかかってきて、歴史探訪のムードには程遠い。が、それゆえに、左右から垂直にそそり立つ切通し道に飛び込むと、いっぺんに歴史のるつぼに放り込まれた感触でゾクゾクしてくる。峠からの下りは水の流路に当たり、著名なコースの割には滑りやすく、歩きにくい。「散歩の悪道コンテスト」でもあればトップクラス間違いなし。やがて右岸に流路が定まってくると路面も乾いて歩きやすくなる。紅葉時なら踏み面いっぱいに赤い絨毯が敷きつめられるエリアだ。

　十二所で車道を渡りここから第2ステージ。ハイクコースとしてはややマイナーなので看板も控えめ、尾根に突き上げる道は樹々が覆い被さりなかなかワイルドな風情。尾根に上がると、瑞泉寺からのメインルートに合流する。起伏は激しいがよく踏み込まれた路面、山側に展開するやぐらの数々、時に岩を彫り下げた切通し。普通にハイキングというと、景色や森のムードが目的で、道はそこに至るための手段に過ぎない。が、ここ鎌倉アルプスでは、歩く道そのものに仕掛けと風情があって、目的足りうる点において稀有な存在ではないだろうか。

　天園が屈曲点。展望は天園手前の岩上が最高。富士山から相模湾まで山並みと街並みでつなぐパノラマが如何にも鎌倉、見事だ。一方でその先、鎌倉最高峰の大平山から目立つのはゴルフ場ばかりで些か味気ない。人はいよいよ増えてくる。東西線に当たる鎌倉アルプスと、今泉台と鎌倉宮を結ぶ南北線が交差する十字路は、鎌倉＆三浦の山エリアでは最も繁華なターミナルだろう。さらに進む。渋滞必至の岩の乗り越し場、横着せずに立ち寄りたい十王岩の岩上（➡ 36 ページ）、やぐらが連結したかのような洞門状の道など、鎌倉アルプスならではの見どころ歩きどころが連続する。

　勝上嶽で一呼吸入れる。ここから見下ろす建長寺の伽藍も THE 鎌倉。さらに歩いて急登降をこなせば第2ステージ終了。ここで大半の人は左折して明月院方面に向かうが、もう一味求めて右折しアルプスを継続縦走する。急カーブの連続する坂道を上がれば第3ステージの山道。ほどなく円覚寺の裏山に当たる六国見山に着く。かつては笹ヤブの間、道のど真ん中に三角点があるだけの殺風景なピークであったが、今は多少刈り払われ、またなんともマニアックな山頂標識ににんまり。ただし、相変わらず展望はゼロ。はて六国見山は展望の山の筈？　との期待に応えるにはもう一歩き。

　稚児塚のあるポイントも山頂っぽいが、ここも通過。三度目の正直、正面に椀で盛ったようなピークが見える。これは富士塚信仰の造作によるもの。そしてここに上

一般的なハイクコースだが、十二所から上がるポイント、六国見山手前の車道歩きはコース取りに気を付けたい。行楽シーズンの週末は大混雑、避けた方が賢明。

道そのものが楽しい鎌倉アルプス。やぐらが連結したような箇所は洞門チックだ

がっての南側の展望にドッキリ（➡注目スポット）。周囲はオオシマザクラに覆われ花見にも絶好。塚上の展望スペースもいいが、飲食を楽しむなら一段下がった樹下がいいだろう。

　山麓の住宅地までは僅かな下り。ここもかつては谷戸畑が広がっていたが、現在のこぎれいな宅地のムードもいい。後は左側の山を回り込むように下り、横須賀線の裏手に出る。そしたら最後に一波乱。北鎌倉駅名物の、尾根を掘ったミニ隧道が崩落の危険のため通行禁止になっているのである。ここを崩すか存続するかで、真剣な対立が続いているという。武家の府・鎌倉では今なお、小さな戦が展開されているのである。

【4月上旬歩く】

六国見山頂標識、麻雀牌で標高を表示

 Mr.マックの道草トーク
「朝夷奈峠の磨崖仏」

朝夷奈切通しの峠に小さな磨崖仏があるのは結構有名だね。通行時にこの仏様を拝んでいく人が実に多い。ところがこの仏様、彫られたのは数十年前の話で、それも誰かが勝手に彫ってしまったらしいんだ。だから出来た当時は、落書きの扱いでしかなかった。ところが、歳月を経て適度に風化し、適度に苔むして、経緯を知る人も少なくなった。なにより石切り場でもあった峠の切り立つ一角に、絶妙な配置で彫られているのがポイントだよ。落書きではあってもセンスと目の付け所が抜群だったんだね。そして今では誰しも敬虔な心で拝んでいく。そうなると当初の落書きにも魂が宿る。出自はどうあれ、今では立派な史跡と化しつつあるんだから、制作した人、心を込めて拝む人、みんなに拍手を送りたいね。

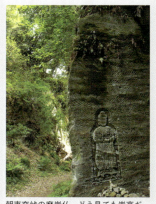

朝夷奈峠の磨崖仏。どう見ても崇高だ

鎌倉アルプスの拡大縦走

◉ 注目スポット「六国見山の展望」

六国見山は鎌倉アルプスのメーンから外れているためか、天園や大平山に比べるとマイナーで人影もぐっと少ない。それだけに、ここのピークの展望の見事さは知られておらず、初めてそのパノラマに接した時の感動が大きい。それは南側、遠くに鎌倉の市街地や相模湾が見えるが、その手前が山また山。家などの人工物が僅かしか見当たらないのである（➡写真 24 ページ）。もちろんその山間には多くの人家がひしめいているのだろうが、それらの多くが死角になっていて、いわば奇跡的なポジションに付けているわけだ。西に目を転じれば富士・箱根・丹沢が雄大に、北には樹の枝を額縁替わりにしてランドマークタワーはじめ横浜・東京方面がはめ込まれている。各方位に役者が揃い、山の展望ファンには堪えられないピークなのである。

六国見山の展望台は椀で土を盛ったよう。富士塚の名残である。

◆ サブコース❶【中級】

六国見山の手前で円覚寺方面への踏み跡が分れている。ここを入り、その先で尾根を下る道に曲がると、やがて右下に円覚寺堂塔の屋根が見えてくる。山を下れば階段になり、道の左右に風情ある民家が並ぶ。正面には向かいの山がさりげなく見えて、なんとも鎌倉らしい品の良い風情が漂う小道なのである。そして突然に建長寺と円覚寺を結ぶメーン観光ルートに出る。静寂から一気に雑踏、この落差も乙なものだ（➡分岐（15 分）円覚寺）。

◆ サブコース❷【上級】

十二所から番場ヶ谷経由で天園に上がる（➡ 28 ページ）。

※天園から天台山を経て瑞泉寺に至るハイキングコース、および朝夷奈切通道は 2021 年 9 月現在閉鎖中。開通時期は未定。それぞれ、鎌倉市観光協会のホームページから「市内ハイキングコースの状況について」、横浜市金沢区のホームページから「朝夷奈切通」で検索して最新の情報を。
※上記の両コースが開通するまでは、47 ページの地図を参照して、鎌倉宮または金沢動物公園方面から、天園までアプローチして欲しい。

交通アプローチ
行き：金沢八景駅（大船駅行き・上郷ネオポリス行き神奈中バス、または鎌倉駅行き京急バスで 10 分、1 時間に 4〜5 本）朝比奈
帰り：北鎌倉駅

参考タイム
朝比奈バス停（45 分）十二所（45 分）天園（40 分）勝上巚（40 分）六国見山（20 分）北鎌倉駅

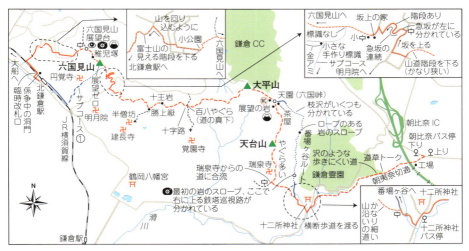

04
鎌倉随一の秘境：番場ヶ谷
現代に残る鎌倉の奇跡、陰をたどって光の世界へ

レベル	上級
歩行タイム	1時間5分（天園まで）
季節	12月〜3月

📖 歴史 ★　🌿 自然 ★★★　📷 観光 ★

50年前のガイド本には、十二所から天園まで3本のルートが紹介されている。まずは東の尾根の正規コースだが、今は鎌倉霊園になって通行不可。次いで西の尾根を登るのが本書03コースのルートに相当。残る1本が沢沿いの番場ヶ谷ルートである。50年前にも「秘境」と紹介され、現在なおそのムードは変わらない。今日の鎌倉に残された奇跡的な自然境を、心してたどってみたい。

天園にある横浜市道の境界石

最初に現れる一枚岩スロープ（8ページ写真）の上流、夏の情景。夏場は清涼感があるが、この先はヤブが深くなるので、ここまでで引き返すプランもよい

鎌倉エリア
Kamakura

鎌倉とはいえ人のいない秘境コース。始点の十二所(じゅうに そ)神社で安全を祈願して北へ続く谷戸へ入っていく。住宅地の中をゆるゆると曲がりながら道が続き、車道が尽きる直前で右手の川沿いのヤブ道へと踏み込む。ほどなく幅5m高さ1mほどの一枚岩のスロープが現れ、水量が多ければ滑滝(なめたき)になるはず(➡8ページ写真)。岩の上には先のしれない奥深いゴルジュ(岩に挟まれた細い切り分け)が続く。薄暗がりの中で天から差す光が水面に反射する。一帯は深閑としてかすかな水音、遠くの鳥のさえずり。宅地から5分余りでこの秘境ムードは、現代鎌倉の奇跡そのものだ。

以後は随所に巻き道もあるが、歩ける限りは極力川底をたどるようにする。やがて2番目の岩スロープ、ここは壁際にロープが掛かりちょっとした沢登りのスリルが味わえる。上方には枝を伸ばした樹々が覆い被さり、外界を窺い知ることができない。この谷と森の深さが、番場ヶ谷の秘境ムードを守り続けてきたのだろう。

小さな枝沢を分け、本流は左右に振れながらどこまでも続いていく。谷はいつしかV字型になって、天空の光を強く感じるようになる。やがて傾斜を増しスギ林になると終点は近い。最後は沢を離れジグザグに登って不意にハイキングコースに出る。天園休憩所はすぐそこ。周囲を見ても、これまでの谷の気配などどこにも感じられない。番場ヶ谷の「隔絶された秘境ムード」の証明であるかのように。【1月中旬歩く】

※ 2019.9の台風の影響で、最初の滑滝とそのすぐ奥の滑滝までは問題ないが、その先は倒木が多く、各自の力量と現場の状況から適当な所で引き返して、25ページのコースに転進するなどして欲しい。ただしヤブ山にそこそこ慣れた人なら、注意しつつ進めば天園まで抜けられる。

中途の岩スロープ、ロープを伝ってトラバースする。滑り落ちても大ケガにはならないだろうが、ズブぬれは必至

◉ 注目スポット 「天園の茶屋」

天園の最上部には茶屋があってシーズンには大勢のハイカーで賑わっていた。それがつい先年、施設の一切が撤去され、今では公園調の広やかなピークとなって、各自が自由に寛げるようになっている。かつての景観に記憶のある人なら、ここの変わり様は別世界を見る様である。撤去には何やら事情があったようだが、一段下がった所の茶屋は健在なので、湯茶のニーズには応えられている。なお絶頂部に横浜市道の境界石がある。そこが横浜市最高地点(159m、前ページの○写真。但し高さには疑義あり)に当たるので確認の程を。

ありし日の茶屋(左)と、現在の茶屋跡(右)

◆ 他コース接続

天園から先は各自で選択を。鎌倉アルプスから六国見山(➡24ページ)、六国峠ハイキングコースで金沢方面(➡44ページ)、獅子舞谷を下って「谷を登って谷を下る」コース(➡44ページ逆ルート)もいい。

交通アプローチ
行き:鎌倉駅(金沢八景駅または鎌倉霊園行きバス15分、1時間に4本)十二所神社

参考タイム
十二所神社(15分)最初の滑滝(50分)天園

本コースの地図はP27をご覧ください。

 巻き道も一部にあるが、水溜まりをバシャバシャ歩く感覚の靴で歩きたい。降雨直後は避けたく、最初のスロープで難しいと思ったら尾根道に転進すること。初夏以降はヤブが深くなる。

05
本郷台から散在ヶ池、衣張山へ
郊外の近代的駅前から鎌倉核心の山へ向かう

レベル	中級
歩行タイム	3時間10分
季節	11月〜5月

鎌倉の中心部には2つの山ルートがある。衣張山（きぬばり）を中心とした平成巡礼道と、鎌倉駅至近の祇園山（ぎおん）ハイキングコースだ。それらを単純にたどるのではなく、遥か横浜市栄区の本郷台駅から、里山風景などを楽しみつつ目指す。遥々とたどり着けば、ハイキングの充実度が格段に上がるに違いない。

歴史 ★★　自然 ★★　観光 ★★

散在ヶ池には鯉が多く、水面に朱が映える

散在ヶ池入口の「せせらぎ小径」は短いが、小川と岩壁、美しい樹林の織り成す景観が素晴らしいので是非寄り道したい

鎌倉エリア
Kamakura

本郷台界隈はヨコハマの典型的な郊外型駅前住宅地として、根岸線の開業と共に出現した近未来的な都市景観を持つ。今なお整然とした街並みの中を歩き始める。里風景へ、そして歴史の中核へ。

マンション群を抜け主要道（その名も『鎌倉街道』）を渡ると広い谷戸の宅地になり、洗井沢川せせらぎ緑道をたどりつつ歩いて行く。中途で立派な車道になってしまうが（この一帯は大規模な道路工事が進行中で、今後ルートが変わる可能性がある）「荒井沢」の標識を見て曲がり、後は緑色歩道を追って行くと次第に山が迫ってくる。再びせせらぎ道が復活すると、間もなく荒井沢市民の森のエリアとなる。おりしも市民ボランティアが作業を始めた時間だ。蛇行する狭い谷戸に田圃が巡らされ、上総層群が露出した崖際にはせせらぎが流れ、岩には湿生のシダ類が繁茂してこじんまりした里風景を成している。かつての溜池のダム壁に当たる土手に登ると、飛び込んでくる眼下の風景に目を見張る。緑一色の谷戸湿地に木道が映えるのだ。一旦そこまで下り、尾根に上がる。広大な園地の隅々までボランティアの手が入っていることに感心させられる（➡道草トーク）。

森の外郭に至ると、道は横浜と鎌倉の市境をなぞる。足元には双方の市境界標が林立、横浜の市章「ハマ」マークと、鎌倉の市章「笹りんどう（源氏の代表的紋章とされる）」が刻印されているのを見るのは楽しい。横浜側に開ける谷戸の里畑を見つつ、小さな標識に従い分岐を鎌倉側に下る。バス道を渡れば散在ヶ池森林公園はすぐだ。少し回り道になるが「せせらぎの小径」に下る。芽吹きの樹に、大きくてアー

衣張山から鎌倉の街並みが鮮やかに望まれる

トな岩壁、深閑とした風情が実にいい。錦鯉の群れる散在ヶ池は静謐な山奥の秘沼のムード。左右に道が分かれるが、緩傾斜で長く森林浴を堪能できる左側がおすすめだ。今が満開のヤマザクラやコナラの良好な森が続くが、かつては殆ど禿げ山状態で、数十年でここまで復活したという自然の回復力に驚く。

公園を出て今泉台住宅街を横切り、再び山道へ。すぐに鎌倉屈指の天園ハイキングコースと十字路で交差する。その天園道の真下が「百八やぐら」だ。ちょっと危なっかしい切り分け道を入って、やぐらの立ち並ぶ威容に触れておく。戻って南下、急カーブを下れば覚園寺への車道に出る。そこから鎌倉宮・杉本寺と、鎌倉観光の雑踏を抜け、平成巡礼道と称する道を詰めると、深閑としたスギ木立となる。晴天時でもやや薄暗いが、スギ林としてのムードは、鎌倉＆三浦でも有数のものだ。

衣張山のピークで展望が一気に開ける。鎌倉の中心部に食い込んでいるだけに、街と背後の海のパノラマが鮮やかだ。小広い山頂で休憩に絶好、芽吹き鮮やかな桜の樹の下で寛ぐ。次いですぐに浅間山のピーク

山中は整備され、道標類が完備。本郷台駅から荒井沢までと、今泉住宅地、鎌倉宮付近の街歩きがポイント。12月初めの紅葉、散在ヶ池や衣張山の桜が見事な4月初めが特にいい。

巡礼古道に相応しいムード漂う金剛窟地蔵尊

となり、衣張山とはちょっと違った展望が楽しめる。細い尾根道を下ると浄明寺緑地の公園に出るが、ここで左へ曲がって平成巡礼道から別れ、今を盛りの山吹の花のプロムナードを歩く。昔ながらの巡礼古道へは入口がわかりにくいが、同じ巡礼道でも、平成道でのハイカーの賑わいとは無縁の閑寂な山道となる。ここの白眉は金剛窟地蔵尊だ。垂壁に穿たれたやぐら穴が目を引く。周囲はモミジの大木が林立し、幾層にも枝が重なる。芽吹きの若葉ながらも薄暗くなった様が、厳粛なムードを一層引き立てている。

僅かに下ると人気の竹寺：報国寺から、鎌倉有数の洋館：華頂宮邸に続く車道に出る。静寂の古道から路地を抜けるだけで観光のメッカに出るわけで、この落差は今日一番かもしれない。【4月中旬歩く】

平成巡礼道を離れ山吹咲き乱れる公園を行く

Mr.マックの道草トーク 「荒井沢市民の森」

横浜市のあちこちに「市民の森」があるね。地権者の所有する森を市が指定することで、広く市民が活用できる場として守っていく制度だよ。荒井沢は数ある市民の森の中でも、ボランティア主導で運営されている先駆的存在なんだ。土地所有者と横浜市、市民が対等に協定を結び、荒れていた雑木林を今日の様な手入れの行き届いた里山風景として維持できるようになったんだね。あちこちの市民の森のモデルになっていると聞くよ。里山の維持にとって重要なのは水の確保だ。かつての滝の様な湧水が東日本大震災以降に殆ど涸れてしまい、別の崖から突然に湧き始めたらしいんだ。森地形そのものが生きている証しだね。

かつては溜池であった湿地に木道が敷かれている

本郷台から散在ヶ池、衣張山へ

◆ サブコース❶【中級】

天園十字路から覚園寺のサイドを下る道の屈曲点で、正面にか細い山道が延びている。あえて踏み込むと初めは歩きにくいが、ほどなく永福寺跡から続く遊歩道に出る。山を下る前に展望広場があり、眼下の永福寺跡と背後にある二階堂の山々の眺めが実にいい。下りきって正面が永福寺跡で、すぐ右に曲がれば鎌倉宮への道に出る。メーンコースを素直にたどるより、こちらサブコースの方が、歩く充実感があることは疑いない。

◆ サブコース❷【初級】

さらに一歩き余裕のある場合は、祇園山ハイクコースまで足を伸ばすことを奨めたい。報国寺前から金沢街道と並行する「田楽辻子の道」を歩く。車道だが車は少なく鎌倉散策の良きムードが漂う。一旦は金沢街道に出る。宝戒寺の先で、鎌倉の川筋で最もムードある東勝寺橋を渡って真っ直ぐ山に進めば、祇園山コースの入口だ。短いコースだが鎌倉駅界隈の裏山で、中心街の傍にこんな緑豊かな山が残されていることが意外な感じ。ラストに展望広場、そこから坂を下れば、登山口が八雲神社の境内というのも鎌倉ならでは。駅までは近いが、逆方向に横須賀線の踏切を渡って、レトロな銭湯：清水湯（➡ 154 ページ）で汗を流せば、格好の話のネタになるだろう。

🚶 報国寺（20 分）東勝寺跡（30 分）八雲神社（10 分）鎌倉駅

※ 2019.9 の台風のため、ラストの祇園山ハイクコース（腹切りやぐら～八雲神社間）が激しい損傷を受け、向こう数年間は通行再開の見通しが立っていない。

交通アプローチ
行き：本郷台駅
帰り：浄明寺（鎌倉駅行きバス15 分、1 時間に 4 本）鎌倉駅

参考タイム
本郷台駅（50 分）荒井沢市民の森（30 分）
散在ヶ池（40 分）鎌倉宮（30 分）
衣張山（35 分）報国寺（5 分）浄明寺バス停

● 注目スポット「道祖神」

衣張山の登り道の途中に何とも可愛らしい道祖神が佇んでいるのでお見逃しなく。供花が途絶えることがなく、多くの人から愛されている小さな神様だ。

何度見てもここの道祖神は微笑ましい

06
鎌倉外郭防御線ハイキング
1日1周で見えてくる鎌倉攻防史のポイント

レベル	中級
歩行タイム	7時間30分
季節	11月〜5月

歴史 ★★★　自然 ★★　観光 ★★★

鎌倉は天然の要害ゆえに武家の府となった。頼朝が構想し、歴代北条氏が盤石にした鎌倉防御線。そんな鎌倉外郭の山を周りきるワンデイハイク、鎌倉防御の意義と史実を、自分の目と足で検証してみよう。特にヤブ道や難路はない。長丁場なので分割する手もあるが、やはり一気にやりきった充実感は計り知れない。

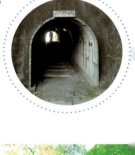

住吉城址のミニトンネル。通路内は階段、高さは背丈程度

晩秋の朝夷奈切通し道。落ち葉の積もる路面。石仏に見守られながら峠を目指す

鎌倉エリア
Kamakura

港湾施設であった和賀江島がスタート。鎌倉期から今に残る数少ない史跡として、その先に見える本日の終点目標：稲村ヶ崎ともどもしっかり目に焼き付けておく。豪奢な逗子マリーナのビル群を尻目に、戦国初期に北条早雲の三浦攻めで落城した住吉城のあった急坂を上る。最上部のミニトンネルは、これぞ鎌倉！ といった味わいが魅力だ。車道に下りて小坪の谷戸にまわりこむ。ラストの階段を登れば、小坪の「勘違い」合戦（注1）の舞台だが、ここは峠道の面影もなく前座の風情。

名越切通しへ。これぞ外敵防御の見本のような地形だが合戦史は聞かない。鎌倉攻防戦は防御の固いところではなく、比較的弱い所で盛んであったのは当然といえば当然だが。続いて一見いかにも防御壁のような、お猿畠の切岸（➡注目スポット）を過ぎ、浄明寺緑地から真っ直ぐ東へ転進し池子外縁の山をたどる。往時はすべて深い山の中、攻める対象にはならなかった、言い換えれば存分に鎌倉防御の役をなしていたことになる。下界から盛んに聞こえるのが選挙の宣伝カー。この後も散々に聞かされることになるが、まあこれは現代の合戦そのもの。鎌倉を護った静かな山域で、今風の鬨の声を聴くのは、皮肉な巡り合わせかも。

いよいよ鎌倉防御最大の見どころともいうべき朝夷奈切通しへ。長丁場の1日だが、ここは横着せずに切通し道の全線を踏破すべく、防御山地を末端まで歩いて太刀洗滝脇に出る。遙かに高く両壁切り立つ長い道、武者が弓を構える崖上の平場、これではさすがに攻め手もひるむ。結果として朝夷奈ルートは、六浦外港に通じる交易の道としてのみ機能し、人々を潤した。戦争よりも経済の道。

峠から尾根通しにたどれる道がないので、しかたなく一旦は金沢側の車道まで下る。朝比奈峠への車道を少し登ると、山道が右手に現れるのでそこを上る。右側が急に開け、急斜面で目も眩むばかりの落差に驚く。鎌倉防御の実効性が視覚的に理解できる所といえよう。金沢からのメインハイクコースに合流するが、このエリアの山は高さ・幅とも十分で防御を考慮する必要すらなかったに違いない。やがて天園に出る。ここにはかつて2軒の茶屋があったが、つい先年1軒だけに落ち着いた（➡29ページ）。もしかして茶屋間で合戦のようなものでもあったのだろうか。

広大なゴルフ場を見つつ鎌倉市最高峰の大平山へ。ゴルフはいわずと知れた近代スポーツ、一方で源平の頃の合戦は損得よりも名誉と勇怯を示す場として、その精神は現代スポーツに近かったとも聞く。しばらくは現代ハイク人気ナンバー1の鎌倉アルプスをたどる。今でこそすぐ裏は今泉台住宅地だが、鎌倉期は深い山で合戦の表舞台にはならなかった（注2）。十王岩に登り鎌倉中心部をしかと眺めておき（➡道草

名越切通の核心部。この幅では一騎ずつの通過がやっと

冬場の陽の短い時期に実行すると時間との競争になる。一方、トップで朝日の紅が残り、ラストで紅のスクリーンに浮かぶ、対照的な富士山が見られる。達成感はひとしおだろう。

勝上嶽から秋色の建長寺界隈を見下ろす

トーク)、さらに防御線をたどるべく勝上嶽から建長寺へ下る。ここの下りルートは合戦跡ではないが、濃密に歴史を感じることでは本日ピカーだろう。それも単に下から登り降りするのではなく、延々と防御ラインを訪ねてきてこその感興だ。

　昼も回りだいぶくたびれてきた。ここで一旦は鎌倉タウンウォークとなるが、却って合戦の匂いが濃厚に漂ってくる。亀ヶ谷坂と化粧坂だ。特に化粧坂は新田勢と幕府方の合戦の舞台として著名（注3）。さほど山は険しくも深くもない。朝夷奈や名越ではなく、ここから攻めたのは戦略眼としては正しかったのだろう。源氏山からは大仏ハイキングコースを歩く。ここの山は高いが、北面と違い幅は薄い。西側の山麓すぐに充満する、鎌倉攻めの人馬の響きが山上まで聞こえていたはず。山のラインは大仏切通しで切れるが、ここは狭くて細いから、大軍の展開には不向きだ。さらに南下すると極楽寺坂。典型的な切通し道だが、開けて明るい。朝夷奈辺りよりはずっと攻めやすそう。ゆえにここから南に続く霊山一帯が、鎌倉攻防戦の最大の激戦地となったのもうなづける。その霊山周辺をぐるり時計回りすべく坂ノ下に下り、そのまま坂を上る。新田勢が夢にまで見たであろう由比ヶ浜が眼下に広々と展開する。

　日も傾いてきた頃、ようやく波打ち際に出る。稲村ヶ崎に打ち寄せる波涛、新田義貞が太刀を投げて潮を引かせたという故事。結局、鎌倉はここから破られた（注4）。ここで本日の総括。堅固な所、山深い所は戦場にはならず、開けた広い所が攻防の舞台となった。しかし幕府方の懸命の守りに突破は叶わず、最終的には海際の隙を衝かれて、ついに鎌倉は陥ちたのである。

　やがて夕陽の赤いスクリーンに、江の島や富士山がシルエットになって浮かぶ。鎌倉一円を血に染めた攻防戦、その色合いを象徴しているかのように。【12月上旬歩く】

 Mr.マックの道草トーク
「十王岩」

鎌倉アルプスのほぼ中央にあるのが十王岩だ。磨崖仏的に彫られた石像は風化で殆どわからないけれど、岩の上には是非とも登って欲しいね。鎌倉の街並みがよく見えるだろう。中央に若宮大路が海へ向かって伸びている。その手前は鶴岡八幡宮、そしてそのラインの北の延長上にあるのが、今いる十王岩なんだ。異界との境界に当たり、若宮大路の起点ともいえる。外郭の堅固な山の守りが防衛のハード面とすると、十王を据えて精神的なソフト面での守りの意味合いがあったのかもしれない。平安京を真似て鎌倉の都市計画を進めた頼朝の意図が、明快に表れているポイントだね。

中央の若宮大路を手前に延ばすと、今、自分の立っている十王岩に行き着く

鎌倉外郭防御線ハイキング

(注1) 頼朝挙兵の直後、源氏方の三浦氏と平家方であった畠山氏の軍勢との間で、一旦和睦が成立しながら、ちょっとした勘違いが元で派手な合戦になってしまった。

(注2) 南北朝時代に南朝方がゲリラ的に山越えをして、鎌倉にこもる足利尊氏を敗走させたことがある。まさかこんな所から攻めて来る筈がないという、絶対防御ラインの虚を衝いた格好。

(注3) 新田勢50万騎、金沢勢3万騎が激突したとされるが、この狭い場所にそんな大軍が展開できるはずもなく、実質は10分の1以下の人員ではなかったか。

(注4) 稲村ヶ崎からの突入について。潮が引いても狭い砂浜を大軍は入れないから、義貞の故事はシンボリックなもので、実際には霊山付近一帯から攻め入ったとする説も有力の様だ。

◉ 注目スポット「お猿畠の大切岸」

名越切通の先で尾根の東側に見事な垂壁が並んでいる。かつては鎌倉防衛のための「切岸」とされていたのが、近年になって石切り場跡と確定した。確かに防衛ラインの方がロマンはあるが、二種の地層が差別的に浸食され前衛芸術の様な壁の迫力は他では見られないもの。

◆ 下山後のお楽しみ

「稲村ヶ崎温泉」（➡ 154ページ）

交通アプローチ

行き：鎌倉駅（逗子駅行き、または小坪行きバス10分、1時間に3本）飯島
帰り：稲村ヶ崎駅

参考タイム

飯島（10分）住吉トンネル（40分）名越切通し（40分）久木大池（40分）十二所果樹園（35分）太刀洗の滝（35分）朝比奈バス停（20分）市境広場（30分）天園（40分）勝上嶽（25分）亀ヶ谷坂（25分）源氏山（55分）大仏切通し（25分）成就院（30分）稲村ヶ崎

※上図の外、01・10の各コースの地図も参照

ネイチャー&ヒストリートーク ② 鎌倉編

台風被害から歴史を感じてみよう

みゅう：2019年9月の台風15号は酷かったわね。三浦半島の真上を台風の目が通ったので、その前後の風が半端なかったわ。

Mr.マック：今の様な、宅地と周囲の自然環境が確定した昭和後半以降では、最大の被害といえるね。三浦半島エリアはまだしも、鎌倉周辺の風倒木被害が際立っていたんだ。

みゅう：現地を観察してみると、照葉樹や落葉樹の自然林では散発的に倒れている程度だけど、スギ林は折り重なるようにまとまって倒れていて、通行止めの最大要因になったわ。

Mr.マック：やはり、本来の植生ではない人工林の方が、風水害には弱いんだね。

みゅう：でも倒木のお陰で、却って眺めが良くなった所もあるじゃない。

Mr.マック：風害は弱ってきた老木に集中しがちで、倒れた後にニッチ（隙間）が生じて新たな若芽が育っていくわけだから、長い目で見れば自然淘汰による更新の一環ともいえるんだよ。

みゅう：台風の直後は、折り重なる倒木がバリケードの様で、数年は通行無理？なんて箇所が多かったけど、復旧は早かったんじゃない？

Mr.マック：行政はもちろん、地元のボランティア団体等による精力的な努力のお陰だね。

みゅう：でも最後までとり残されたのが、鎌倉を囲む山々のメーンのハイキングコースになってしまったのはどうしてなの？

Mr.マック：ハイカー相手ならともかく、観光客も多いメーンコースは巻き道を作ったくらいでは危険で、完全な復興が求められるわけだ。

みゅう：滅茶苦茶にされて、ゼロから元通りに直すのって大変なのね。

Mr.マック：でも考えてみれば鎌倉のたどってきた歴史の一断面でもあるね。繰り返す津波や地震で、鎌倉期からずっと残っている大型建造物は大仏様くらいだから。

みゅう：じゃあ、鎌倉時代の人たちと同じ物を見ているわけじゃないんだ。なんか残念……。

Mr.マック：いやいや、山中ならいくつも創建当時の物が残っているじゃないか。当時の主要インフラであった切通道はもちろん、お墓であるやぐらも800年の風雨に耐えてきたからね。

みゅう：そっか、山を歩く私たちこそ、鎌倉のナマの歴史に触れられるというわけね。

Mr.マック：倒木や、ルートの復興状況の確認だって、歴史を肌で感じる機会と捉えてもらえれば、見方が変わってくるんじゃないかな。

みゅう：いざ、鎌倉の山へ！

朝夷奈切通道と、天園から瑞泉寺のコースの開通が、特に遅れてしまった

大谷戸の紅葉
大谷戸は横浜港に流れ下る大岡川の源流域に当たり、川・広場・湿地が整備されている。紅葉期は格別だ（→ 41 ページ）

第 II 章
南横浜
逗子
MINAMI YOKOHAMA
& ZUSHI

07
横浜南部の森と源流めぐり
横浜最南部の5つの源流をたどり繋ぐ

レベル	初級
歩行タイム	3時間15分
季節	10月〜5月

歴史
自然 ★★★
観光 ★

大都市横浜の自然は分断され断片的にしか残っていないが、その最大のものが金沢区や栄区にまたがる一帯だ。適宜人手を加えることで良好な自然環境が守られている。そして相模湾と東京湾に注ぐいくつかの川の源流がこの森を起点としている。森の根源ともいうべき源流にこだわりつつ、都市近郊の森林浴を堪能しよう。

横浜市エリアの市民の森には、要所要所に看板があり便利だ

金沢動物公園の裏手に小さな谷戸：しだの谷がある。複線の木道が、風景に奥行きとリズムをもたらしている

南横浜・逗子エリア
Minami Yokohama / Zushi

横浜の奇跡：静謐の瀬上池。水面に映る大樹が、実像ではないかと思えてくるほどだ

　およそハイキングコースの起点とは思えないような港南台駅から直接歩き始める。栄高校の周辺道を周っていくが、この一帯は宅地その他の巨大プロジェクトが予定され、保護と開発がせめぎ合うホットなエリアだ（➡道草トーク）。谷底に下りると典型的な里山の谷戸風景となる。ホタルの繁殖する清流、体験農業的な田圃。谷戸は屈曲し遠くまで見通せず、次々に新しい風景が展開するのがいい。行き着く先が瀬上池(せがみ)である。今を盛りの紅葉が素晴らしく、朝8時くらいなら静謐そのもの。風もなく、水面は鏡の様に大樹と青空を映し出す。じっと見つめていると、どちらが正像なのか虚像なのかわからなくなってくるほど神秘性に満ちている。住宅街からここまで僅かな距離。それでいてこの閑寂さは大都市横浜の奇跡といっていいだろう。

　池の外れの広場からスギ林の階段をたどる。流れはか細くなり本日最初の源流に着いたことがわかる。上がりきった尾根上から、多くの人は尾根通しに歩くが（通称：ビートルズトレイル≒かぶと虫の道）、本日は源流巡り、そのまま大谷戸(おおやと)源流への道を下る。下るに従い足元が湿っぽくなって来たかと思うと、ほどなく細流となる。まさに源流誕生のポイントだ。本日の2本目、東京湾に注ぐ大岡川の始まりで、谷戸に下ると流れはしっかりする。木道等が整備され、足元を気にせずゆったりとした気分で歩けるのがいい（おおやと歩道）。谷戸が広がると広場になり、また見たくはないが横横道路が高架橋の遥か高みの上を通っている。高さゆえに音が小さいのを幸い、橋の下を抜け畑をまわりこみ川へ下る。山越えのルートもあるがスギばかり。車道脇のルートの方が、水流とモミジ樹列に沿い、風情があるのは皮肉なところ（➡10ページ右写真）。

　やがて嫌でも高速道にぶつかる。ここは釜利谷ジャンクションで、湾岸道と圏央道が絡み壮大なスペースが喰われてしまったのは残念だが、しばらくの辛抱である。途中、金沢動物園に至る階段を少し下ると「しだの谷」となるが、ここも大岡川の源流なので本日の3本目として往復で立ち寄りたい。エリアは狭いがシダ類をはじめ良好な植生が土上から高木まで階層的に広がり、歩きやすい木道と相まって実に気分のいい散策を堪能できる（➡前ページ写真）。高速道の脇に戻り、コンクリートジャングルの様な一帯を抜けると、第4の源流に当たるひょうたん池が現れる。線状の細長い池で左側に歩道が敷設されている。源流はなおも谷に続くがそこは立入禁止。遊歩階段は谷戸を外れジグザグに登って大丸山(おおまる)を目指す。一帯はアオキの一大生育地で、背丈は低いがジャングルの様で、見応え・歩き甲斐はじゅうぶん。明るく開けると横浜市最高峰である大丸山（➡注目スポット①）に跳び出す。ここから正規には急な階段を下るが、尾根通しの細い山道もあって

源流をたどる箇所もあるので防水のしっかりした靴がおすすめ。季節的には紅葉の晩秋と、芽吹きの早春が一番だ。

送電鉄塔経由で本道に出られる。

　最後の源流は「横浜自然観察の森」の核心部に位置する。ここはしっかり人手を掛けて、良好で美しい森環境が維持されている。本道を外れ森エリアに突入。森一帯が変化に富んでいて、一本道をたどるだけではもったいない。ジグザグに万遍なく歩くのがポイントだ。急階段からいたち川の源流に下り着く。下流で柏尾川に合流して相模湾に注ぐ。先の大谷戸付近とはムードが一変し、狭いエリアに清流が植生ともたれ合うように還流している様が心地よい。この先もゲンゴロウ池、野鳥観察のためのトーチカ風覗き台、ヘイケボタル生息の池、さらには自然観察センターと見所は多い。ここの森環境を設計し維持している人たちのセンスの良さが光っている。本日のコースのラストだから時間の許す限り、ゆっくり楽しんでゆきたい。余裕があれば尾根道に戻り、天園に向かい鎌倉アルプスとドッキングすると良い。（→ 25 ページ）【12月上旬歩く】

● 注目スポット❶【大丸山】

　金沢区の主要部を一望で、街並みの果てに八景島や野島などが東京湾を背景に鮮やか。広くてゆったり、休憩には絶好のポイントだ。標高は156.2ｍで横浜市最高峰とされているが、天園にはそれより僅かに高い横浜市最高地点（→ 29 ページ）がある。どうもそちらが山頂らしくないので「山」そのものとは認定しづらく、次点の大丸山を「最高峰」と位置づけたようだ。

大らかさでは三浦№1の大丸山頂、桜もいい

● 注目スポット❷【自然観察センター】

　自然観察の森の司令塔的存在。豊かな森内の様々な生物情報が豊富でよくまとめられ、パンフ等も揃っているので、エリア一帯を理解する上で存分に役に立つ。レンジャーが常駐していて質問や相談に応じてくれるし、様々なイベントも開催されている。月曜休館、9:00～16:30開館（自然観察の森への入場も）。☎ 045-894-7474

野鳥観察用のトーチカ

Mr.マックの道草トーク
「上郷開発計画」

瀬上池付近を中心に良好な里風景の残されていたのが上郷一帯だね。元々は畑作や稲作地域だったんだけれど、かなり前から大手建設会社が宅地開発を目論んできたんだ。港南台や本郷台の駅付近から順次開発が進んで、両者が結びつく前の土壇場で残されたエリアということになるかな。でも、横浜にふんだんにあった里風景という点だけでも貴重な存在だ。だから周囲から熱心な自然保護運動が沸き起こったのも当然といえば当然だね。結果として、かなり押し返した。宅地や商業地開発部分は以前の半分以下に縮小され、瀬上池付近の静謐さはほぼ守られているといえるんじゃないかな。ただ、将来の人口減少社会を見据えて、残されたエリアの開発も不要との意見も出ている。まさに社会変換期を迎えたニッポンの、開発問題の縮図となっているんだね。

上郷の里山エリア、谷戸の田圃

横浜南部の森と源流めぐり

◆短縮コース
瀬上池から上がった所で、尾根通しに本道を進めば時間的にも体力的にもかなり節約できる。大丸山は本道から階段をピストンすれば良い。☞ 瀬上池（35分）大丸山

◆他コース接続
自然観察の森に下らず本道を鎌倉方面へ。コース⑧の逆コースで、天園方面に抜けるとさらなる歩き甲斐が（→44ページ）。

交通アプローチ
行き：港南台駅
帰り：森の家前（金沢八景駅行き神奈中バス15分、1時間に3本）金沢八景駅、
　　　または（大船駅行き神奈中バス20分、1時間に2本）大船駅

参考タイム
港南台駅（50分）瀬上池（30分）大谷戸（30分）大丸山（15分）自然観察の森（園内60分）上郷森の家（10分）森の家前

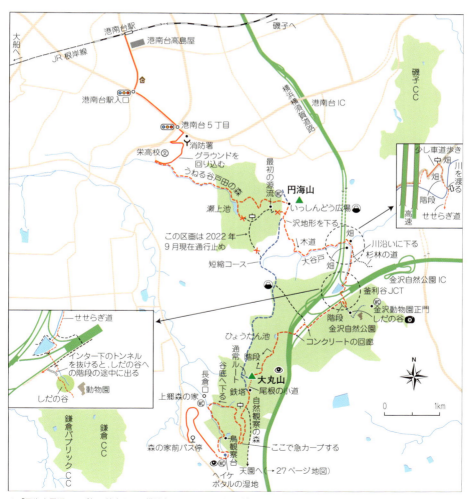

※「円海山周辺マップ」で検索して、横浜市のホームページから地図をダウンロードすると便利

08
永福寺から称名寺へ
鎌倉別格の２大寺を結ぶ山ルート

レベル	初級
歩行タイム	3時間35分
季節	10月〜5月

かたや、頼朝が奥州遠征で藤原氏の毛越寺などに感銘を受けて造営したという永福寺。こなた、北条氏傍流で学問好きであった金沢実時によって建立された金沢の称名寺。鎌倉諸寺の本流とはいえないが、抜群の存在感を誇る別格二寺を、鎌倉期そのままの自然林の残る尾根をたどりつつつなぐ。

歴史 ★★　自然 ★★　観光 ★★★

魅惑的な表情の石像。称名寺裏山の参道脇で

金沢動物公園から能見堂跡へと続く緑地帯の幅はごく狭いが、深山を歩いているように錯覚されるポイントもある

南横浜・逗子エリア
Minami Yokohama / Zushi

　行程が長いので観光には早い時間のスタート。鎌倉ウォッチの中枢部に位置する鎌倉宮もさすがに閑散としている。名刹瑞泉寺への車道を歩き永福寺跡に至る。数年前までは囲いの中で草ぼうぼうの荒れ地であったが、整備が完了した今の佇まいは見違えるようだ。ただし復元は礎石まで。篤志家でも現れて堂宇まで復元されれば、鎌倉でも指折りの人気スポットになること請け合いなのだが。

　二階堂の川に沿って歩く。市民菜園の外れから山道が始まり鬱蒼として暗くなる。ここのミニ峡谷は深山幽谷の風情があるが、道はグチャグチャで滑りやすく登山靴でも履いてないと足元はおぼつかない。こんな難所を軽装の観光客がキャーキャーいいながら、そぞろ歩いているのがなんともミスマッチ。ほどなく獅子舞の谷に至る。覆い被さるモミジの大木群の柔と、その中ですっくと立ち上がるイチョウの高木の剛、その組み合わせが圧巻だ（➡11ページ写真）。やはり行くなら紅葉時、それも観光客の疎らな早い時間に限る。銀杏の悪臭も自然の奥ではご愛嬌というもの。

　天園に上がる。かつての茶屋の跡地は、鎌倉市街や富士山の展望もあって、ゆった

り寛ぐのに最適だ。そのまま横浜方面へ急なルートを下る。左側には横浜霊園の広大な敷地を見下ろせ、右の山中には鎌倉霊園が広がる。霊園境界の尾根ルートというのも現代の縮図、大都会近郊のこのエリアの特性だろう。市境広場から横浜市エリアとなるが、個々の樹林は大きくなり森的なムードはむしろ良くなる。関谷奥見晴台からは主尾根を外れ、しばらくは横横道路沿いに歩く。森の中の山道が続くが、例の「うぉーん、うぉーん」という車の通行音としばらくは付き合わなければならない。

　高速道と別れ、金沢動物園外縁の「しだの谷」に入る。階段を上がれば金沢動物園の正面、途端に観光の喧騒の中に飛び込むことになるが、この落差をむしろ楽しむ。駐車場の外れから再び森へ。両側からギリギリまで宅地が迫っていて、地図で見ると線状に残された自然にしか過ぎない。それ故に時には住宅やマンションが迫ってくるが、散策路はあくまで気持ちいい。コース設定がうまいのだ。能見堂（のうけんどう）跡地は何段もの大きな広場になっていて、寛ぐのに最適である。

　ラストは中世さながらの掘り分け道になり、関東平野の基盤をなす上総層群が露出している。がけ崩れで何年も閉ざされていたが、土留めにワイヤーを使う最新の工法でルートが復活した。ワイヤーがむき出しだから、当初の見た目は良くないかもしれないが植生が復元されるにつれなじんでくるだろう。安全第一とばかりにコンクリートで固めてしまうより遥かに良い策だ。

　一旦街中に出る。京急の線路や国道16号線を渡るなどして住宅地から称名寺の裏山に入る。寺の裏山だけに良好な自然が残

裏手の山から見下ろす永福寺跡

☞ 山中は道標完備だが、金沢文庫駅近くから八景島にかけての街中歩きは難しく地図は必携。また中間に金沢動物園があるので寄って行けば1日行程になる。獅子舞谷の紅葉が見ごろとなる11月下旬から12月上旬がベスト。

金沢山の八角堂前からの展望。過去と現在が混然となった情景が楽しい（写真上）
能見堂近くで。圧巻の「根アート」（写真右）

された、三山から成るミニミニ山地だ。八角堂のある最高峰：金沢山からの展望は見事。遠景に連なる三浦の山々、足元の境内、そして八景島のピラミッドなど、異質の景観同士なのだが不思議とまとまり目になじむ。北条実時公墓所前から境内に向かう。春先にはニリンソウが満開となるスポットもある。称名寺は裏手から入ることになるが、裏手奥に広がる広場がかつての広大な寺域を彷彿とさせてくれる。

寺を出て海に向かう。海の公園は人工の砂浜とは思えない程広大でゆったり。海越しには八景島、ピラミッドやコースター、展望塔などが一体となって摩訶不思議で楽しい眺めとなっている。他には無い独特の海景色といっていい。八景島駅横の近未来的な人道橋が本日の締め括り。中世の二大別格寺をつないだ果てに、現代と未来の情景を垣間見た思いであった。

【12月上旬歩く】

 Mr.マックの道草トーク
「称名寺の隧道」

境内の西の外れに、金沢文庫に通じるトンネルがあるよ。火災から貴重な書籍を守るために隔てた智恵で、当時のトンネルも史跡として残っているけれど、今使われているのは近代的に掘り直したものだね。実はこのトンネルには巧妙な仕掛けがあるんだ。文庫側から入ると、暗闇の中の出口の明かりが歩くことにズームアップされてくる。で、抜ける瞬間、広大な称名寺の境内がわっと目に飛び込んでくる景色は、まさに動く芸術作品だよ。特に桜と紅葉の時期なら絶品だ。本堂から僅かな距離だし、是非とも足を伸ばして欲しいね。

隧道の果てに見えてくるものは？

永福寺から称名寺へ

◉ 注目スポット 【称名寺の風光】

称名寺は格別立派な堂宇があるわけではない。にも拘わらず周囲の環境を含めた風光は、鎌倉をはじめ近隣諸寺の中でもナンバーワンではないかと思う。大きな阿字ヶ池に配された太鼓橋や平橋も一躍買っているが、なにより周辺の山並みと一体化した景観が魅力だ。ことに正面から眺めた時に、海岸沿いの平野部にあるにもかかわらず、山奥の一寺院のような雰囲気を醸し出しているのである。だが、もし周辺の山風景を除いてしまったらどうなるか。唇亡びて歯寒し、なんとも貧弱な様相になってしまう。かように貴重な山風景が高度成長期に危機に晒されたことがある。山の向こうは宅地開発が迫り、いよいよ稜線を越えようかという段階になって、反対運動によってかろうじて景観が守られたのである。裏山の稜線をたどる時、寺側の深い森と逆側に迫る住宅街を見るにつけ、開発と保護のせめぎ合いの際どさを思うのである。

称名寺境内、水と山の織り成す風光

◆ 短縮コース

称名寺に寄らなければ、京急や国道を渡らずして金沢文庫駅に到達できる。

◆ 下山後のお楽しみ

「シーサイド・スパ八景島」 ➡ 154ページ

交通アプローチ
行き：鎌倉駅（大塔宮行きバス10分、1時間に3本）大塔宮
帰り：八景島（金沢シーサイドライン）

参考タイム
鎌倉宮（10分）永福寺跡（40分）天園（60分）金沢動物園（60分）京急線踏切（25分）称名寺（20分）八景島

◆ 延長コース 【初級】

海の公園から八景島とは逆方向へ。長い浜を経てシーサイドライン沿いに歩き、野島に渡り伊藤博文別邸へ。明治憲法を起草した後に生活拠点であった所で、近年整備された。是非にも内部を見学したい（無料）。格子に嵌め込まれた古いガラスが適宜波打って、八景島などの近代景観をセピア色風に見せてくれるのが乙だ。最後は、坂道を野島の山上に上がる。大きな展望台があって360度のパノラマ。本日たどってきた鎌倉以来の山並みが一望でき、一日の足跡を確認できるのは嬉しい。海の公園（25分）伊藤博文別邸（5分）野島展望台（30分）金沢八景駅

47

09 池子の森外周、鷹取山と神武寺
禁断の森を時計回りにたどる

レベル	中級
歩行タイム	3時間45分
季節	11月〜4月

歴史
★★

自然
★★

観光
★

池子の森。ニッポン人が立ち入れぬ禁断の森である。立入禁止だから周辺を周るしかないのだが、占領下にあった故に開発が進まず豊富な自然に恵まれているのは事実であるし、また環状のルート上に山・池・古刹と、ポイントがバランスよく点在している。もうひとつ、本コースのキーワードが凝灰岩から成る「池子層」(➡140ページ)だ。

池子の森の公園は原則英語。トンネル銘板を訳せば「新久木隧道」

鷹取山の展望台からは360度のパノラマが欲しいまま。あちらこちらで岩壁に取り付くクライマーが、視覚上のアクセントになっている

南横浜・逗子エリア
Minami Yokohama / Zushi

米軍関係者専用の改札口がある神武寺駅。プロローグからして禁断の匂いが漂う。駅を発つのは、池子の森自然公園の開園に合わせて8時半。アメリカ色満載の入口ゲート、かつてはカメラを向けるだけで監守の米兵にダメを出されたこともあったのが、休日限定とはいえニッポン人が立ち入れるようになったのも時代の流れか。そのまま山に向かって真っ直ぐに車道を進む。池子遺跡の資料館があり、その背後から尾根越えの山道が延びる。今のところ園内で唯一の山ルートで、なかなかのアルバイトを要求される。下れば公園の核心部となるが、広い谷戸の平場にポツンポツンと大木が立っている様は、アメリカの公園チックともいえる（➡ 56ページ）。

人工の池とは思えない久木大池

久木口から公園を出てしばし住宅地を歩く。そのどん詰まりに久木大池。最奥にあることが灌漑用の溜池の名残であることの証左だ。とはいえ、そう単純な池ではない。池岸は複雑で、回るコースは変化に富み、奥には見事なモミジの巨樹があって紅葉期は壮絶。人工池とは思えないほど、自然が濃密に取り巻いているのである。

江戸時代には交易の道であった「やまなみルート」の看板を見て杉木立の急登を詰め、池子を取り巻く尾根上に上がる。いよいよここからが尾根外周の本番だ。杭と針金だけの、如何にも緩い境界柵が延々と続き、時に「立入禁止」の立札が。この付近の谷底が先刻の公園エリアに当たるが、山間部は生態保護エリアなので理由は違えど入れないことに変わりはない。ルートは緩やかな上下を繰り返し、やがて右手に古びたコンクリート製の長壁と鉄扉が現れる（➡ 54ページ）。十二所果樹園で朝夷奈方面へのルートを分けても針金境界は続く。考えてみれば、これをたどって行けば道に迷うこともないわけなのだが。

六浦近郊に下りて、千光寺の脇を周り住宅街を下る。池子の横浜側ゲートを見た後、長い階段から再び山道に。ここからは禁断エリアを外れることになる。まずは大規模霊園の開発に伴って付けられた代替えルート、池子の柵の内側よりも外側で自然が減っているのはなんとも皮肉な話だ。横浜・逗子・横須賀の3市境（ここの境界標石は必見！ ➡ 137ページ）を過ぎ、樹林が切れると鷹取山エリアに出る。まずは展望台に上がっておく。360度の大パノラマ、東京・横浜方面はもとより、光る相模湾と青い東京湾。眼下には、ロープを張って岩壁に取り付いているクライマーが格好のアクセント。池子層の凝灰岩は石切がしやすく、明治・大正期に盛んに切り出された名残だ。歩いて行くと、中にはアートとしかいいようのない見事な造形もある。じっくり鑑賞を。道は錯綜し分岐も多いが、多少間違えてもすぐに修正できる。

少し戻って神武寺への道をたどる。崖路をトラバースする鎖場があり（親不知）、中途の見晴らし台からは大楠山方面が良く

本コースは起点をどこに取っても良いし、終点決めもサブルートを含め自在なので、様々なパターンが考えられる。51ページの地図横の概略図で大まかな見当をつけて、コースパターンを決めてプランニングすると良い。

神武寺から神武寺駅への裏参道。池子層の凝灰岩をそのまま階段にしたのがミソ

しに見える向かいの山は再び池子：禁断の森である。神武寺駅に戻って一周が完了。朝の光線と午後の光線では、駅も周辺も違って見える。【4月下旬歩く】

スリットの向こうに見える神武寺の庫裡

● 注目スポット 【鷹取山の磨崖仏】

始めてみる人には、おそらく想像していたよりもずっと大きく感じられるはず。古色蒼然としていて鎌倉期の作か？と思わせるが実は戦後の作品。本ルートのキーワード：池子層の凝灰岩を掘ったもので、石切りに使われたのと同様に細工がしやすいようだ。顔立ちが濃いので、緑豊かな季節になると南方のジャングルで見ているかのような気分に浸れる。

鷹取山全体では、東寄りに位置している

望まれる。前方に深閑とした雰囲気が漂ってくれば神武寺だ。山中の古刹ムードが一帯に満ち溢れている。ハイライトは凝灰岩を垂直に切り取った通路だろう。スリット状の細い切り明けの果てに見える庫裡の建物、垂直の崖の縞模様、岩の上面で懸命に緑を広げる植物群（天然記念物に指定されている）、それらが一体となった姿、これまた屋外アートの領域である。

　東逗子駅への道を分けて、深い樹林の中を下っていく。古来の参道であり、池子層の凝灰岩をそのまま削り取って階段となし、苔やシダ類が生す。史跡としかいいようのない道だ。ほどなく渓谷が現れ、洞門状の区間など、道そのものを堪能できるのが、このルートの最大のポイントだろう。谷上に鯉幟が満艦飾に吊された老人施設にて山道は終了。車道に出れば、京急線越

池子の森外周、鷹取山と神武寺

◆サブコース❶【鷹取山から追浜駅へ】
鷹取山の山上エリアから「京急田浦駅」の道標に従い東に伸びる尾根へ。途中何度も田浦への分岐が分かれるが、今度は手製道標の「浜見台」に従って、ひたすら尾根通しに東へ。江戸時代以来の浦賀道をたどっているので、所々で古道の風格が漂う。また後半は箱状のコンクリートがルート上に延々と連なり、その上が実に歩きよい。導水管をコンクリで固めたようだが、こんな山道もここならでは。とにかくこのコースは、歩いていて実に面白いのである。京急や国道16号線のトンネル上を過ぎればほどなく浜見台団地に出る。道なりに坂や階段を下って追浜駅方面に向かう。☞鷹取山（55分）追浜駅

◆逆コース
池子公園の開園前のスタートになった場合など、逆コースもありうる。ただし鷹取山から霊園までが、道の分かれ方の関係か、格段にわかりにくくなるので外さぬよう注意が必要だ。

交通アプローチ
行き：神武寺駅
帰り：神武寺駅、追浜駅、東逗子駅

参考タイム
神武寺駅（15分）池子の森自然公園入口（40分）久木大池（40分）十二所果樹園（40分）六浦霊園（30分）鷹取山（30分）神武寺（30分）神武寺駅

◆サブコース❷【神武寺から東逗子駅へ】
これは神武寺から下りる短縮コースだが、本来はこちらが神武寺への表参道である。尾根を挟んで神武寺駅へ下るルートを分けると、参道らしい凝灰岩の道が森の中に続く。下るに従い、いつのまにか滑りやすい泥岩になっていることに気付く。池子層と逗子層の境界を越えたわけだ。地質が錯綜する三浦エリアでも、ここほど明快な変化も珍しい。ほどなくコンクリート階段になり、寺名が書かれた立派な門石を脇に見て車道に出る。東逗子駅はごく近いが、時間が許せば銭湯「あづま湯」（→154ページ）に立ち寄るのもいい。☞神武寺（15分）東逗子駅

世にも珍しい、追浜への箱状コンクリートの道。実に歩きよい

10
朝夷奈と名越、鎌倉・逗子市境
富士山を楽しみつつ二大切通しから海岸へ

レベル	中級
歩行タイム	3時間55分
季節	11月～4月

朝夷奈切通しと名越切通し。鎌倉防御を代表する2大切通しを、鎌倉・逗子の市境ラインをたどって結ぶ。市境なればこその様々な発見があり、また「関東の富士見百景」に選ばれたポイントが連なるのも魅力。富士山が目的なら空気の澄む2月くらいまでに。

歴史 ★★★　自然 ★★　観光 ★★

鎌倉・逗子市境道路の果てに、ぴったりと見える富士山

大崎公園からの富士山。手前に逗子マリーナ、そして江の島。湘南の華やかさをそのまま絵にしたかのよう

南横浜・逗子エリア
Minami Yokohama / Zushi

　朝夷奈切通し道は、横浜側から入ると峠の直前で左に熊野神社への道が分かれる。深閑としたスギ木立ちの中を曲がりつつ歩くと、山奥にこんな立派な社殿がと驚く。さらに上方にある奥社裏手の階段を上ると山道になり尾根上に出る。鎌倉と横浜の市境に当たる。やがて逗子との3市境のポイントがあり、以降は鎌倉・逗子の境界ラインをたどって行く。

　明るく開ければ十二所(じゅうにそ)果樹園だ。ゆったりした傾斜地に梅や栗の木が多数植えられ、3月初めの梅の開花の頃は見事。最高所で右への分岐があり、そこから青い相模湾と本日最初の富士山がお目見え。前面に相模平野を配している構図がよいが、ここは未だ前座扱い。ルートはしばらく池子の森外縁をたどる。米軍サイドの侵入防止鉄線の他、謎のコンクリート壁が忽然と現れる（➡注目スポット①）。久木大池は紅葉の盛り、見事に枝を広げたモミジの大木は見ごたえ十分だ。

　池から階段を上がる。鎌倉側は浄明寺住宅地、逗子側が久木住宅地で、どちらも落ち着いたハイソな佇まいを見せる。市境がそのまま真っ直ぐな車道になっていて、その奥にドンピシャリで富士山が見えるのがポイント。歩くに従い富士山も大きくなり、正面突き当たりまで進むと左右に一挙にパノラマが開け、中央に富士が鎮座する構図となる。ここは「関東の富士見百景」の本日トップだ（➡注目スポット②）。

　左手へ、名越への道を取る。ほどなくパノラマ台への盲腸ルートが分かれるが、南側が広く開け富士も見えるので立ち寄っておく。市境ルートは時おり小さな史跡を見つつ尾根上をたどる。お猿畠の大切岸は必見なので、標識に従いちょいと左手に下る。さらに見応えあるのが、その先のまんだら堂やぐら群である（➡道草トーク）。

　名越切通しは数ある鎌倉の切通しの中でも敵を迎え撃つには絶好の構造に見える。ここで鎌倉エリアとわかれ、すぐ住宅地に出るが、宅地の道は分かりにくいので、谷戸のバス道に下り、道なりに小坪漁港に向かう。お土産に向く海産物や海鮮食堂も多いのでここで行動を打ち切ってもいいが、もう一歩き頑張る。急な一直線の階段を上がると天照大神社。背後の海がだんだんせり上がってくるのがいい。そこから大崎公園に立ち寄る。眺めやムードが良い割には、あまり観光ズレしていない点がおすすめだ。特に、居並ぶ富士・箱根・丹沢をバックに、逗子マリーナの垢抜けたビル群が「これぞ湘南！」という感じで絶品。本日二つめの富士見百景だ

　湘南のビバリーヒルズとも称される披露(ひろ)

まんだら堂は紅葉の名所でもある。鎮魂の真紅が目に染みる

本コースのハイライトの一つ、まんだら堂の公開時期に合せて実施できればベスト。
問い合わせ：逗子市社会教育課　☎046-872-8151

山庭園住宅地を横切る。ゆったりした敷地に立つ瀟洒で個性的な邸宅群に驚くが、さすがに見世物ではないので目を遣る程度にしておくのがマナー。披露山公園に上がると展望台があり、ここからの眺めも大崎公園に劣らない（富士見百景の３つめ）。海岸を目指し、森の中の谷戸道を下ると浪子不動、海上には不如帰の碑、いずれも明治の文豪：徳富蘆花ゆかりだ。逗子海岸の浜辺を歩く。由比ヶ浜や七里ヶ浜ほど垢抜けてはいないが、富士山が正面海越しに見えるのはここならでは。富士見百景の見納めとなる。【12月上旬歩く】

◉ 注目スポット❶【弾薬庫境界塀と扉】

　山中に忽然と現れる、その威容と異様さ。旧陸軍の弾薬庫境界だろう。鉄製の分厚い扉には圧倒されるし、コンクリート壁は尾根に忠実に上下し万里の長城の様だ。所々で中の鉄筋がむき出しになった様にも注目を。ふんだんに鉄筋が使われていて昨今騒がれた手抜きとは無縁の反面、手入れがないと半世紀余りで朽ちてしまう事実。今を時めく摩天楼の未来を暗示しているかのよう。

頑丈極まる鉄扉は何者を拒もうとしたのか？

◉ 注目スポット❷【関東の富士見百景】

　富士山への良好な眺望が得られる128景233地点。2005年に国土交通省が主催して、景観面および活動面からの評価を総合して選定した。本書の鎌倉・三浦エリアでは15地点が選定されているが、本コースにその内の4地点が集中しているがミソ。

逗子海岸から。ここも関東富士見百景

◆逆コース＆他コース接続

逆の場合、朝一の澄んだ空気で逗子の海岸沿いから富士山が眺められるのは魅力。その場合は浄明寺緑地の富士見百景ポイントから衣張山コース（平成巡礼道）に入って鎌倉を目指すのも良い。➡ 30 ページ

◆短縮コース

名越切通しで、鎌倉の大町に下るルート標識があり、ショートカットに好適。降りた所からレトロな銭湯：清水湯が近いので、立ち寄って昭和に浸るのも歴史の内だ。ただし富士山の絵がないのは残念。
➡ 154 ページ　切通し（25分）清水湯

Mr.マックの道草トーク
「まんだら堂やぐら群」

やぐらは鎌倉中期に市街地が手狭になって、禁止されたお墓設置を山に求めたものだね。鎌倉外郭の山中のあちこちに見られるけど一番まとまって見事なものが、まんだら堂やぐら群だよ。特にマンションの様に何層にもなっている様には圧倒されるんだな。鎌倉当時から残る数少ない歴史史跡だから、大仏様と双璧の価値ありと思うけどね。ただ、史跡保全のため公開は年2回、約1か月ずつだ。また興味深いのは、まんだら堂はじめ、名越切通し、お猿畠大切岸などの一群の史跡が、市境を挟んで逗子市側にあることだね。整備や維持管理が実にきめ細かく行われていて、逗子市の意気込みが伝わってくるようだ。

やぐらの内部にも注目を。問い合わせは53ページ下の欄外参照

朝夷奈と名越、鎌倉・逗子市境

◆延長コース【中級】

逗子海岸の湾岸道路沿いに、なおも歩き蘆花公園を目指す。公園で施設を見学するのもいいが、裏手から山に登る道が続く。登りきれば長柄桜山古墳の一角に出る。展望が良く富士山と江の島が上下に並ぶ絶妙の構図で、富士見百景ではないが凄ぐこと疑いなし。古墳は順に2号墳と1号墳、かなり規模の大きい前方後円墳で当時の豪族の力が偲ばれる。実は古墳と確認されたのは平成に入ってから。それまでは単なる山の高みにしか過ぎなかったのである。1号墳は立入禁止だが、2号墳は地表に網が掛けられ上を歩くことができる。1号墳を過ぎると、ごく最近整備された見晴らし台がある。本日の見納め富士山だが構図的には一番見事、周囲の家に展望ベランダが多いのもうなずける。最後の山道に入り竹林のある斜面を下ればそこは街中、錯綜する道から逗子・葉山駅を目指す。 逗子海岸（10分）蘆花公園（5分）長柄古墳（40分）逗子・葉山駅

交通アプローチ
行き：金沢八景駅（大船駅行き・上郷ネオポリス行き神奈中バス、または鎌倉駅行き京急バスで10分、1時間に3〜4本）朝比奈

帰り（小坪で終了の場合）：小坪海岸（鎌倉駅行きバス10分、1時間に3本）鎌倉駅

参考タイム
朝比奈バス停（30分）熊野神社（40分）
十二所果樹園（40分）久木大池（40分）
名越切通し（25分）小坪港（10分）
大崎公園（15分）披露山公園（20分）
逗子海岸（15分）逗子駅

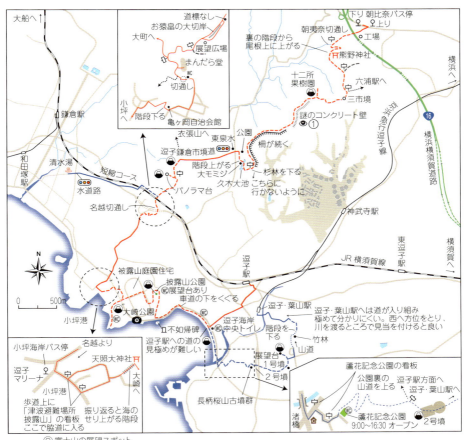

● 富士山の展望スポット

ネイチャー&ヒストリートーク ③

池子の森、その数奇な運命

南横浜・逗子編

池子の森自然公園内の案内看板。英語表記優先に注目

みゅう：池子の森って、逗子市と横浜市金沢区に跨っていて、面積なんと300㌶！　今でもオオタカやフクロウがいるの。長年、一般人の立ち入りが禁止されていたために、谷戸と森が一式まとまって残されていて、首都近郊でも貴重な自然なのよね。

Mr.マック：谷戸の田圃その他が、弾薬庫用地として旧日本軍に接収されたのは戦時中のことなんだ。それが戦後すぐに米軍管理下に置かれたので、旧軍時代は意外に僅かな期間だったことになるね。ベトナム戦争が終わって80年代に事実上遊休地化し、返還への期待が高まる一方、横須賀基地の米軍住宅地建設の構想が持ち上がったんだ。逗子市民を中心に反対運動が起きて、市長選の争点にもなったり随分とマスコミも賑わしたね。元来、逗子市民は自然や政治への意識が高いんだよ。けれど相手が、国とバックの在日米軍、強すぎたかな。結局は今見るようなマンション群が建ってしまったんだ。

みゅう：何物にも代えがたい貴重な自然が、接収されていたお蔭で却って良かった、っていえたのにぃ……。

Mr.マック：京急の神武寺駅から米軍住宅地に

直接抜ける専用改札口があるくらいだから交通至便、もし最初から接収されていなければ谷戸から山まで洗いざらい住宅地になっていただろう。さすがに米軍はそこまでやる必要はなかったから、宅地化は谷戸の底が中心で、山間部は大部分残っているのがせめてもの救いだけれどもね。

みゅう：他にもいいことがあったわ。敷地内の池には外来魚がいないのよ。ニッポン人が立入禁止だったことで、ブラックバスなどが持ち込まれずに済んだのも皮肉な話よね。

Mr.マック：そして2016年、長年の地道な要望が実って、エリア内の運動施設と「池子の森自然公園」が、土休日の日中に限ってニッポン人にも開放されたんだ。

みゅう：明るくて開放感があって、周囲の山は自然林、とっても気持ちいいの。

Mr.マック：公園が整備されたのはかなり前の話だよ。米軍住宅地付属の憩いの場として公園にしたんだね。米軍人と家族が散策しているし、今でも公園奥のエリアは米軍関係者専用だ。面白いのは自然や史跡の説明板が、すべて英語表記が上でその下に日本語で訳されていることだよ。普通の真逆だね。一つひとつの谷戸の整備もこれからだし、日本軍時代の線路跡もある。これから自然公園としてどう展開していくのか楽しみだね。

みゅう：これも根強い返還運動があったからこその成果よね。米軍の譲歩を引き出した逗子市民に拍手を送りたいわ。

仙元山からの眺望
葉山アルプスの西端：仙元山は有数の展望スポット。江の島や相模湾は元より、カラフルな葉山の街並みが見ていて楽しい
→ 59、60 ページ

第 III 章

葉山
HAYAMA

11
葉山アルプス縦走
三浦最長の山脈を東西に歩き通す

レベル	初級
歩行タイム	4時間25分
季節	11月～4月

歴史 ★　自然 ★★★　観光 ★★

鎌倉＆三浦エリアで、山としてまとまった最長のルートが、通称「葉山アルプス」の縦走コースである。三浦アルプスとも呼ばれているが、双方とも未だ広く公認された名称ではないようだ。いくつもの小ピークの連続で稜線の屈曲も激しく、予想外のアルバイトを要してしまう。山歩きの充実感を求めるなら一番のお勧めルートだ。

田浦梅の里、スイセンと梅のコラボ

葉山アルプス縦走のフィナーレはやはり海。荒ぶる森戸海岸で。夕暮れ時に合わせれば感動もひとしおだ

葉山エリア
Hayama

　かつての軍港拠点の賑わいは遠い昔、なんともうら寂しいJR田浦駅からスタート。上下線に分かれた２本の国道（旧海軍の建造）を渡り、山地形らしさを追うべくあえて宅地の一山を越えてみる。これは前座。山を下り京急線をくぐるが、ここに駅のないのが恨めしい。ほどなく次の登りで、いきなり田浦梅の里となる。早い時期はスイセンがよいが、やはり今は白梅・紅梅が見事。梅関連グッズの開拓に地元で力を入れている。立派な展望台からは横浜から東京方面が一望。ここは未だ東京湾エリアといえようか。

　一旦下って、横横道路を横断する。人道橋なのにどうにも立派過ぎる。葉山アルプスらしさはここから始まるといっていい。ロープ混じりの急登をこなすと、二子山から続く主稜線に上がる。ほどなく乳頭山だ。「名は体を表す」で、ラストの詰めがどこからでも急なのが特徴。一旦南に下った後は、アルプスの名に相応しい上下左右の屈曲の連続が始まる。はじめのうち樹はさほど高くない。周囲は笹ヤブも多く、森として未成熟なのがわかる。かつては歩いていてもそのヤブがうるさかったのだが、整備の進んだ今ではヤブに苦労することはない。ただ急な上り下りの連続は、覚悟していないと辟易するだろう。

　次第に山深くなる。高速道路の喧騒は既に昔物語だし、左右を見渡しても、山のシルエットと葉を落とした樹々の、彩度の低い模様ばかりだ。ただそんな中でも、要所でアクセントに癒される。根元から激しく枝分かれした巨大な桜の木（➡注目スポット）や、江の島の上に富士山の並ぶ構図ポイントなど、見どころには不自由しない。極めつけは椎の巨木が並木の様に連なる細長いピークだろう（➡次ページ上の写真）。

　西に進むにつれ樹の充実度が増してくる。大いなる照葉樹林を歩いているという感覚は嬉しいもの。アップダウンは相変わらずで、最たるものが仙元山（せんげんやま）の手前、急勾配に階段が連なりジェットコースターの様。見るだけで嫌になってしまう。ただ歩いたご褒美に、だんだんと海が感じられるようになってくるのは嬉しい。午後になり日差しも回って来た。西方の樹間には、キラキラと輝く相模湾が我々を誘ってくれているかのようだ。

　長く奥深い山中を縦走しただけのことはあって、ラストの仙元山での海の見え方は感動もの。いきなり目の前に現れる相模湾、そして意外に近い葉山の街並み。背後には富士・箱根・伊豆・丹沢の山々……といきたいが、さすがに晴れた日でも午後ではちょっと期待薄。山頂はベンチもあって休憩に絶好。下り道は短いが爽快だ。正面の景観を楽しみつつ軽やかに下って教会前へ。急な車道を下れば街中に降り立つ。せっかくだからもう一歩きして、いましがた山頂から眺めた海を目指す。歴史ある由緒正しき森戸神社だが、そこは葉山の中心エリア、海岸線もどことなく垢ぬけている。【２月中旬歩く】

縦走路の途上、江の島と富士山が並ぶ展望ポイント

山深く体力も要する覚悟で。エスケープルートはあるが本線よりも剣呑な所もあり、下手に踏み込むより主稜線をそのままたどった方が確実といえる。梅の花咲く２月中旬〜３月上旬が最適

マテバシイの連なるピーク。山上にあつらえたような奇観には目を見張る

◉ 注目スポット❶ 【のの字橋】

田浦駅から田浦梅林まで、通常は山を回り込み車道沿いに歩くが、本コースではあえてひと山越えるルートを紹介した。その一労に報いる見どころが通称「のの字橋」である。通常の車道が名前通りに「の」の字を描く。鉄道でいうループ線に当たる。インターチェンジでは当たり前だが、こんなに狭い道でこんなに小さい半径で回っているのは、ほとんど例がないだろう。この橋、実は明治時代の建造。要塞地帯であった当地の山上砲台に弾薬その他の物資を運ぶためのルートを作ったが、牛馬で運ぶ時代、急坂には耐えられないので、勾配を緩和する目的で、わざわざループ橋としたものである。

歩道はショートカットできるように付けられている

幹回りは大人4人で一抱え

◉ 注目スポット❷ 【大桜】

葉山アルプス上に足元から太い幹が分かれたヤマザクラがあり、単に「大桜」と呼ばれている。分かれているのは薪炭の伐採の名残りだが、規模や置かれているポジションの良さでは、鎌倉台峯緑地の大蛇桜（➡17ページ）を凌ぐだろう。

◉ 注目スポット❸ 【葉山まちづくり館】

教会前の急坂を下って、海とは逆に左手の道をたどると町立図書館に着く。2階が葉山まちづくり館で、山や街歩きの様々な情報が手に入る。活用度大。10:00～17:30、月曜休館 ☎ 046-876-0421

Mr.マックの道草トーク 「葉山アルプスのアルバイト」

「アルプス」を名乗ってはいても、しょせんは三浦の低山、歩き通してもさほどの運動量ではないと思っていないかな。さにあらず、細かいアップダウンの連続で、相当なアルバイトを要求されるんだ。登り標高差の累計は、本コースの田浦駅から森戸海岸までなら800m程、阿部倉山から二子山を経由する完全縦走なら1000mを超えるよ。きついと評判の丹沢大倉尾根が1200m差だから、それぞれ6割・8割の標高差ということになるね。まさに塵も積もれば山となる、歩き切ったことを誇りに思ってもいいんじゃないかな。

上山口付近から見た葉山アルプス、歩き応えありげな稜線だ

60

葉山アルプス縦走

◆**短縮コース**
仙元山から下りた所で、風早橋のバス停が近い。風早橋（逗子駅行きバス10分）逗子駅または逗子・葉山駅

◆**他コースからの接続【中級】**
葉山アルプスの主稜線は「逆つの字」型。そこを完全に踏破するのなら阿部倉山から入ることになる。長柄交差点から二子山を経て。乳頭山まで（➡77ページ）。下山後に森戸海岸から葉山港に向かうのもいい（➡75ページ）

◆**サブコース❶【初級】**
葉山アルプスのエッセンスだけ歩きたい人向け。葉山小バス停から花の木公園手前の坂を上り、実教寺から山道に入る。すぐに豊かな照葉樹林となり、ほどなくアルプス主脈の道に合流、仙元山に向かう。逗子駅または逗子・葉山駅（バス10分）葉山小（25分）主脈の分岐（35分）仙元山

◆**サブコース❷【初級】**
京急田浦駅からスタートすれば主稜線をより長くたどることになる。横横道路を跨ぐ所がトンネルなので、直接道路を間近に目にする機会がなく、山の連続性という点での満足度が高い。登山口までの街歩きが少々ややこしいが、山に入ってしまえば道標完備の一本道となるのもメリットだ。京急田浦駅（40分）港が丘の登山口（40分）乳頭山

交通アプローチ
行き：田浦駅
帰り：森戸神社（逗子駅行きバス15分、1時間に5本）
逗子駅または逗子・葉山駅

参考タイム
田浦駅（45分）田浦梅の里（30分）乳頭山（120分）観音塚（40分）仙元山（30分）森戸神社

田浦梅の里で。ピンクの梅の背後に青い東京湾が望まれるのがポイントだ

61

12
古東海道と畠山
源平の合戦と緊張の軍港を結ぶ

レベル	中級
歩行タイム	2時間20分
季節	11月〜4月

📖 歴史 ★★　🍃 自然 ★★　📷 観光 ★

初めはいかにものどかな里歩き、次いで山らしい山道、そして車道と畑道のミックス。異質のルートをつないで歴史と自然、そして現代世界情勢と、様々な局面に遭遇していく。キーポイントは、コース中の最高点：畠山だ。

畠山山頂で、3面の馬頭観音像

畠山山頂。広場の中央に観音像、穏やかな優しいムードが漂い、思わずのんびり休憩したくなってくる

葉山エリア
Hayama

　上山口小でバスを降り、構えの立派な杉山神社で山旅の無事を祈る。社殿のすぐ裏の傾斜地に棚田が広がる。規模は大きくないが棚田要素のエッセンスが込められ、地元農家と協力ボランティアによって維持管理がなされているという。観光目当てよりも、里の景観を実現したいという意欲の表れだろう。棚田脇の道を登り、上の車道から眼下を眺めてみる。広がる棚田と背後の森戸奥の山地のミックスした美景が、努力の成果を物語っているかのようだ。

　その車道を東へと歩く。うねるような傾斜地に畑と新旧の人家が入り混じった、今風の里風景といえる。ただし道は複雑だ。いろんな角度で分岐が錯綜している上に、木立や地形のため遠くまで見通しが利かず、地図を頼りに、時に間違えながら歩いて行く。極めつけは畑の中のか細い小道で、幅は50cmもない。「ここ、通っていいの？」と思ってしまう。浄水がこんこんと湧き続けている「湧井戸（わくいど）」を見て木木庭不動堂へ。ここは源平の頃に、畠山重忠が衣笠城の三浦大介（おおすけ）義明を攻めた史実に所縁がある。堂前の道はズバリ古東海道（鎌倉→葉山→衣笠→走水、そこからは東京湾を跨ぐ海上ルートになる）であり、衣笠侵攻の道というわけだ。道沿いの不動の滝は高さ5m程ながら三浦半島の滝では随一、涼感で満ちている（➡注目スポット）。

　緩い坂を下ると、谷戸が広がり風景が雄大になってくる。不動橋で古東海道と別れ、バス道を渡りそのまま畠山を目指す。山道に入ると、三浦エリアでもトップクラスと思われる美しい竹林になる。適度な密度、真っ直ぐな竹、すっきりした下草。手入れが綿密になされているようで規模も大きい。山道は順調に高度を稼ぎ、やがて林床にはアオキが優勢となる。この先、畠山山頂一帯を取り巻くように、冬でも青々とした葉が存分に広がる。アオキのシンボルともいうべき真紅の実もいいが、今は花の時期。地味ながらも子細に見ると、造形の妙を尽くした繊細な花である。

　畠山の名は、先の畠山重忠が本陣を構えたことに由来するらしい。まさかわざわざ山頂が本陣？　とは思うが、ゆったりと広くて眺めも良く、本陣向きということはいえる。現代ハイクでも休憩にはもってこい。植生も豊かだが、山頂の主役は中央に佇む三面の馬頭観音像だ。数ある三浦の三面像の中でも最も穏やかな癒しの表情で、古の戦の鎮魂も込められているかのような……ふと展望の開けた東京湾側に目を向けると、港の一角に横一線のグレーのライン、その上の構築物……原子力空母ロナルド・レーガンである。どこぞの紛争地から帰って来たばかりか。それにしても古（いにしえ）の戦の残り香から、キナ臭い緊迫の海洋へ、畠山は時代を跨ぐタイムスポットなのかもしれない。

　相変わらずアオキの繁る道を下る。乳頭

道幅は極限まで狭いが、これでもれっきとしたハイキングコースだ

本コースは、まとまったハイキングコースではなく、寄せ集め故の難しさがある。道標のある山道は畠山界隈のみ。前半の里道はタウンマップ等も利用して、間違えながらも道を見つけ出して欲しい。

山方面への進路から別れ、送電鉄塔を抜け横横道路をくぐる。車道に出てすぐに反転、十三峠への山道に入る。短いが小さな渓谷沿いとなり、「径」のムードが絶品。植生も美しくユキノシタやニリンソウが目を和ませてくれる。十三峠に上がると車道に出くわす。ここは江戸期以来のれっきとした浦賀道に当たり、道中最大の難所であったという。桜の季節なら、浦賀道を右に歩いて塚山公園に行ってもよい。本日は正面、真っ直ぐ海の方向を目指す。

鉄塔の手前で浦賀道と別れ、畑に伸びる市道を進む。海側に突き出した細い尾根だが、手入れの行き届いた畑が続き、周囲の照葉樹林と相まって一幅の里風景を現出している（➡道草トーク）。その樹林の一角が開け展望ポイントに出る。横須賀軍港は正に眼下で、先刻に畠山山頂で見た空母と居並ぶ軍艦の威容。明るく青い海と、ダークグレイの船体とのコントラストが目に痛い。どうか活躍することなく平和であって欲しいと願うばかりだ。

山間のいかにもワイルドな吾妻神社で尾根道とはお別れ。旧海軍が構築した国道トンネル脇に下り安針塚駅に向かう。源平の歴史ロマンと緊張の現代海洋と。時間と様々な光景がめまぐるしく錯綜する、里＆山の旅であった。

【3月下旬歩く】

● 注目スポット
【不動滝】

高さは約5m、それでも三浦半島では最も滝らしい滝である。木古庭不動堂のすぐ近くで、古来信仰と深い結びつきがあったことが窺える。四季を通じて水量が一定しているのは、地層の中の礫層から水が供給されているためという。

Mr.マックの道草トーク
「長浦町の尾根上にある耕作地」

メーンコースラストの尾根上に、いいムードの畑エリアがあるね。近在の市民が畑作業に励んでいるよ。実はここも数年前は開発に脅かされていたんだ。某企業による「耕作中の方は〇月×日までに工作物を撤去して原状復帰してください云々」の立て看板があちこちに立てられていた。おそらくは尾根一帯を向かい側にある安針台のマンション群の様に開発しようとしたんだろうね。ところが今は看板が撤去され、何事もなかったかのように耕作が続けられている。景気の動向もあるだろうし、権利関係が複雑すぎて思うように買収が進まなかったこともあってか、事業者があきらめたようだね。ここの尾根上だって貴重な里風景の一環だ。経緯はどうあれ、畑と外縁の森が残されたのは、開発一辺倒のヨコスカでは恵まれている方かも。おっと、中央の一本道は畑の中の通路ではあるけれど、横須賀市道だから関係者でなくても通行OKだ。

尾根上の畑を貫く一本道を行く

古東海道と畠山

◆延長コース

メインコースは京急安針塚駅が終点となったが、JR横須賀線利用の場合は田浦駅に向かうと良い。トンネル脇の階段を下りたら歩道橋で国道16号線を渡り、海へ向かう道をたどる。その名も怪しげな比与宇トンネルを抜けると、旧軍時代の補給基地跡となり、路肩に残るレールなどが往時を偲ばせる。周囲は今なお倉庫群が並び、生活臭のしない異質な空間を現出している。明治期のアートな煉瓦トンネルに挟まれた田浦駅ホームは、どこか陰鬱で妙に心惹かれる。往時の空気を背負っているかのようだ。

交通アプローチ
行き：逗子駅または逗子・葉山駅（衣笠駅行きバス20分）上山口小、衣笠駅（逗子駅行きバス15分）上山口小 ※バスは1時間に2本
帰り：安針塚駅または田浦駅

参考タイム
上山口小（30分）木古庭不動堂（10分）
不動橋（30分）畠山（30分）
十三峠（30分）吾妻神社（10分）
安針塚駅、または吾妻神社（25分）田浦駅

13
森戸川源流域の南北縦断
尾根→沢→尾根、奥深い自然を巡る

レベル	中級
歩行タイム	3時間50分
季節	11月〜5月

歴史 ★
自然 ★★★
観光 ★

森戸川源流域は尾根と谷が複雑に絡み合い、豊かな自然境を現出している。その山と沢筋の最も懐の深いエリアを、高度を上下に、エリアを左右に振れながら、存分に探勝してみたい。なお、推奨季節以外はスズメバチに注意して欲しい。

源流部に生息するアブラハヤ

中沢を歩く。なるべく岩の露出している箇所をたどっていく

　登山適期ではないのだが、炎暑に一服の涼を求めて、あえて暑い時期の紀行とした。まずは海岸、森戸神社からスタート。森戸川を渡りカラフルな海辺を横目に、急坂を経て仙元山へ。山頂からはつい先刻のビーチが手に取るよう。この先の激しいアップダウンで、さすがに暑さが堪える。大山ハイキングコースを下り、谷戸の住宅地を抜けて再び森戸川沿いへ。谷間の林道に入ると深い森林帯、気温は尾根筋より2度ほども低くなり助かる。河原の広場に下りるポイントがあり、最初の水との邂逅（➡ 68ページ写真）を楽しむ。

　林道終点の広場で一休み。ここからしばし森戸川の中沢沿いとなり簡単な渡渉を繰り返すが、涼を感じようと用意のサンダルに履き替え、あえて水の中を15分ほど歩いてみる。ただし生態系への影響もあるので深みは避け、岩が露出して瀬になっている所のみを拾っていく。泥の堆積や倒木も

葉山エリア
Hayama

あるが、殆ど平坦であるので技術は要らない。三浦半島では最も古い葉山層の岩石で黒光りしているが、細かい凹凸でスリップしにくいのはありがたい。

再び登山靴に履き替え、尾根を目指す。途中に2019年の台風による大倒木帯があり、数年は通行不能かと思われたが、地元の手により僅か数か月で登山道が復活したことに敬意を払いたい。大斜面に残る傷跡を眺めつつ葉山アルプス主稜線に上がる。

◆ サブコース（上級向け）
地図読みと足腰に自信のある人は、「←東逗子駅」の道標の所で登山道に従わず、そのまま中沢を詰めていってもよい。概ね巻き道が付いているが南沢に比べるとかなりアバウトで徒渉箇所も多い。途中、うなぎ淵と呼ばれる所に、磨かれた岩の小滝と池状の淵があって景観上のポイントになっている。しばし歩いて足元の小さな標識（見落とさぬよう！）に従い馬頭観音に上がり、後は東逗子駅を目指せばよい。

後は東逗子まで整備されたハイキングコースをたどっていく。終始森に覆われているが、主稜線から東逗子方面への道に入ると泥岩（逗子層）の道となる。数箇所で溝状になっており、雨降り後でなくてもツルツルで極めて滑り易いので要注意。

このコースの良い所はラストで銭湯あづま湯（➡ 154ページ）に入れることだ。泥と汗にまみれた全身をリセットしていこう。（8月下旬歩く）

◆ 逆コース
本書のテーマである「山から海へ」の趣旨からすれば、こちらが王道だろう。特に問題はなく、滑りやすい泥岩地帯が登りになるのはメリットだ。ただ、長柄の住宅地帯から大山ハイキングコースの入口がわかりにくいので要注意。

交通アプローチ
行き：逗子駅または逗子・葉山駅（バス15分、1時間に4本）森戸神社
帰り：東逗子駅

参考タイム　森戸神社（30分）仙元山（60分）林道ゲート（50分）林道終点広場（30分）二子山への分岐（60分）東逗子駅

14
森戸中尾根から上山口の里へ
葉山の奥深さと三浦随一の里風景と

レベル	上級
歩行タイム	3時間25分
季節	11月〜4月

歴史 ★ 　自然 ★★★ 　観光 ★

このコースの核心は中尾根にある。つの字型に連なる葉山アルプスの中央から、森戸川の奥深い山地に向かって伸びる顕著な尾根で、三浦エリアのあらゆる尾根筋の中では最も深山のムードが漂う。そこに加えて事前に一山越え、事後に No.1 の里景色を目指す。大らかで豊かな自然を満喫できる山旅になる。

イナゴの夫婦かな？ 70 ページ写真の谷戸田で

森戸林道の中間に、河原に下りる絶好のスポットがある。幅のある流れ、広やかな河原、深い森の3拍子が揃うのはここだけだろう

葉山エリア
Hayama

　バス停は風早橋、なんとも粋な名前だ。トンネルの手前で右手の海方向への道に入り、折り返して教会への急坂を上る。振り返れば歩く毎に相模湾と富士山がせり上がってくる。教会の脇を抜けると森の山道になり、森を抜ければ仙元山はすぐそこだ。下界から早い時間で存分な山頂パノラマが得られる点では、三浦エリアでもNo.1だろう。眼下の葉山の街並みの向こうに真っ青な相模湾、そして富士・箱根・丹沢の山並み（➡57ページ写真）。

森戸林道終点から中尾根へ。森戸南沢（左）と中沢（右）がここで分岐する

　のんびり寛いだら山奥へと踏み込んでいく。まずは木の根が床板になったかのような坂道。次いで葉山アルプスの通過儀礼ともいうべきジェットコースター階段、ここを見た時のうんざり感は体験しないと理解できまい。観音塚の手前に分岐があり、標識に従い葉山アルプスと別れて森戸川へ下る。こちらはマイナールート、森は深く、正面に二子山も望まれる。急降下から林道に出ると景色は一変。奥へ向かう林道歩きは、お気楽で楽しい森林浴だ。逆方向になるが、少し下流に進むと河原に下りるポイントがあり、深い樹林下の清流に別世界の趣が感じられる（前ページ写真）。

　林道終点の広場で休憩。ここは5方向にルートが分かれる「森戸谷底ターミナル」だ（➡75ページ）。南沢を渡ってすぐに尾根筋の登り道を選択、いよいよ本日のハイライト：中尾根に突入する。初めはコナラなどの広葉樹が主体で明るいイメージ、尾根の下方まで陽が届き見晴らしも利く。細やかなアップダウンを繰り返し六把峠に下る。中尾根の鞍部が、南沢と中沢をつなぐ径と交差する十字路だ。ここは如何にも「THE 峠」で、小さくまとまっていてムードは抜群。さらに尾根を登って行く。だんだんとマテバシイなどの照葉樹が増え、冬でも鬱蒼としている。上部からは二子山の上に富士山が見えるポイントもあり、森が開けると鉄塔の下に出る。中尾根唯一の人工物で、ここまで来れば憧れの尾根もほぼ終了。ほどなく実に7コースが集中する「森戸山上ターミナル」乳頭山に至る。シーズンなら、大概誰かしら休んでいる。

　しばし葉山アルプスを仙元山方面に歩いて茅塚への道を分ける。茅塚は鎌倉＆三浦では、大楠山に次いで第2の高峰なのだが人気はいまいち、山頂標識もない。山頂の鉄塔が災いしてか、アルプス縦走路から外れているせいか。ただ近年、山頂一帯の樹林が伐採され、堂々とした富士山が眺められるようになった。これからは縦走路からピストンする人が増えるかもしれない。

　茅塚からの下りは南面に一直線、ただし眺めが抜群で正面には大楠山とその前方の湘南国際村がバッチリ。なぜこんなに眺めがいいかというと見上げて納得。山頂の鉄塔から送電線が伸びていて、その直下の樹林を刈り払ってあるわけだ。ただし直滑降

三浦でも随一の山深いエリアを歩くので地図と最低限の地図読み力は必須だ。一方で、地図上の現在地を追跡していく悦びを満喫できるだろう。

コース終点近く、上山口の奥にある昔ながらの里山風景。周囲の山に見事に一体化した景観が秀逸だ

なので急峻。歩きながら景色を楽しむわけにはいかない。ほどなく道は山腹を巻くようになる。樹林帯の下りになり、前方で人だかりがして掛け声が上がる。二子山山系自然保護協議会のメンバー（➡ 84ページ）が樹の間引きのために、伐採作業を行っているようだ。

下り着いて里とは反対に一旦谷戸奥に入る。一段登ると、眼前に秀逸な谷戸田風景が広がる。何段かの棚田、灌漑用の小池、背後の豊かな森。これぞ三浦の原風景だ。

源平の頃の三浦氏が治めていた所領の景観が、そのまま残っているに違いない。ここも協議会の手入れの賜物だろう。しばし、美しい里山風景に見惚れるのであった。

谷戸を下る。尾根が左右から下りてきているので谷戸自身が屈曲している。道端には三面の馬頭観音の姿も。上山口小学校の校庭脇に出るが、家々の風情もどこかのどかで、今風の里風景を思わせる。光と陰が順に交錯した山旅は「明」で締め括りとなった。【2月中旬歩く】

Mr.マックの道草トーク
「二子山山系の道迷い遭難」

「三浦の遭難事故は？」と聞くと「滑落して負傷くらいかな」と思われそうだけど、森戸奥一帯の二子山山系では毎年のように道迷い遭難が発生しているので注意が必要だね。かつては物好きなベテランしか入山していなかったのが、道標等が整備され多くの人が入るようになった結果のようだ。人は増えてもルート状況の基本は変わっていないわけだから、地図を見ながら自分の現在位置を把握できる位の技量がなければ、安易に入らない方が身のためだね。現場では整備の一環として、右写真の様な緊急時連絡先の案内看板が、尾根上は元より中沢や南沢のような谷筋まで配置されているよ。本来、谷筋は電波が届きにくいんだけれども、三浦では結構通じるし、特に看板の出ている箇所ならつながりやすいから、いざという時には活用して欲しいな。

たき火もたばこも、ここでは止めておいた方が………

森戸中尾根から上山口の里へ

左：仙元山の先で、木の根の階段を上がる
右：中尾根の中間点：六把峠は如何にも峠チック

◆サブコース【初級】

最後に一浴したい人向け。乳頭山から馬頭観音までは⑯コースを逆に歩く（➡77ページ）。横横道路を跨ぐ辺りで目立つ看板があり急反転することになる。馬頭観音の先の分岐で道標に従い東逗子駅への道をたどる。古くからの定番ハイクコースで良く整備されている。分岐以前からの、スギ森と林床のリョウメンシダのコンビが続く。山を下り沼間小学校に出れば駅は近い。駅前で右手に曲がり、5分足らずで逗子唯一の銭湯「あづま湯」に着く（➡154ページ）。

 乳頭山（35分）馬頭観音（60分）東逗子駅

◆逆コース

最後に仙元山に至るのも十分にお勧めできる。森戸川林道から葉山アルプスに乗る分岐を見落とさないよう。最後はそのまま森戸海岸まで出れば、里に始まり海に終わる、これはなかなか魅力的なプランになるだろう。

◆短縮コース

初めの仙元山を省き、長柄交差点のバス停から森戸川沿いに歩いて林道に入る。長柄交差点（25分）林道ゲート（30分）林道終点広場

交通アプローチ

行き：逗子駅または逗子・葉山駅（山手回り葉山、長井、横須賀市民病院、大楠芦名口、佐島マリーナ入口、衣笠駅の各方面行きのバス10分、1時間に6本以上）風早橋
帰り：上山口小（逗子駅行きバス20分）逗子駅または葉山・逗子駅、または（衣笠駅行きバス15分 1時間に2本）衣笠駅

参考タイム

風早橋（15分）仙元山（40分）稜線分岐（50分）林道終点広場（60分）乳頭山（15分）
茅塚（20分）谷戸奥（15分）上山口小

乳頭山付近の詳細は75Pの地図参照

15
森戸奥の源流から源流へ
乳頭山を源頭とする2つの沢の溯行と下降

レベル	上級
歩行タイム	3時間25分
季節	12月〜3月

葉山の2大河川が、森戸川と下山川だ。まずは下山川系の大沢を詰めていく。源頭に当たるのが乳頭山で、ここで行き先を一転、森戸川を徹底的にたどって下降する。流程僅かに8kmほど、小さいながらも源流から河口までの川の流れに人生を重ねてみよう。

歴史 ★
自然 ★★★
観光 ★★

時にはジャンプして源流を渡る

森戸川南沢の源流部。厳冬期ながら意外にも緑色が映えるのは三浦半島らしい

葉山エリア
Hayama

　逗子と衣笠を結ぶ路線の最奥に境橋のバス停がある。山奥とはいっても車がビュンビュン走る主要道。だが、大沢への林道を入り、道が曲がって尾根が車道の喧騒を遮断すると、途端に静寂郷となる。あっという間に丹沢の奥山に踏み込んだのではないかというようなムードに変わる。他の三浦エリアの谷筋が一様に狭く、側溝の底にいるような感覚なのに対し、ここは上に向かって広がりがあって、より大きな山地の只中にいるような気がするのである。この変わり様は三浦全域でも異色だろう。

　しばらくは打ち捨てられたような林道を歩く。途中で橋が落ちているが、練れた巻き道があって問題なく川を渡る。相変わらずV字に開けた谷筋を、枝沢を分けつつ歩く。ごく傾斜の緩い滑が続く水の景観は、なかなかの見ごたえ。水上をバシャバシャ歩くのも楽しく、沢登りのエッセンスをちょっぴり味わえる。やがて沢が細り、スギ木立になってくる。ほどなく倒木で進めなくなるので、適当な所で右手の尾根によじ登り畠山からの道に出たいが、2019年の台風で荒れてしまい、見極めと多少の強引さを余儀なくされる。そのまま大沢川の源頭に当たる乳頭山を目指す。山頂から北側、本日最初にして最後になる山岳展望を楽しむ。東京湾の青さが目に焼き付く。

　いよいよ今度は、「川の流れの様に」源流から河口まで森戸川を下ることになる。目指すは南沢、山頂近くから直接下るルートもあるが、より上流部から下るべく畠山との分岐点に当たる三国峠まで戻る。少々わかりにくいが、峠の10mほど先の右方に急な下り小道が分かれている。ロープを掴みつつ下って行けば、南沢の源頭に近い

大沢川をつめていく

ところに出る。川が今まさに産声を上げたところだ。

　初めは沢上を直接下って行く。シダ類が生い茂り、自然林が覆い被さるような中を、快適に歩ける岩上（葉山層群）のコース。幼児期の川は造作なく川面を歩けてしまう。それが学童期になって水量が増してくると右岸に巻き道が現れる。崩壊しかかった所にはロープが渡されているが、危険を感じるようならむしろ沢に降りて通過した方がいい。さらに、斜め十字路や六把峠から下りてくるルートを合わせ、道は次第にしっかりと、また沢からの高度も増してくる。川が青年期クラスに成長しつつあるのを実感できよう。

　林道終点広場に出る。ベンチもあり休憩には格好。後はしっかりした林道歩き、心

沢から沢をたどるコースだが、通常の沢登りの様な渓流シューズやロープなどは不要。ただ防水のしっかりした登山靴、ヤブを掴めるよう軍手は必携。降雨直後は増水するので格段に歩きにくくなり、止めた方が無難。

深い谷底では紅葉にもなかなか光が当たらない。陰が主役の渋い色合いを見せてくれる

細かった沢がいつの間にか滔々とした立派な流れになって大人になったことを思わせる。ごく狭かった谷も今や立派に広がり、端正なスギ木立の中、歩みもゆったりしてくる。そして車止めのゲートに出る。実はここまでの林道は崖崩れの跡もあり、行政による道の安全の保証のない、自己責任で歩かねばならないコース。成人になり社会に責任を持つようになった感覚か。さらには川岸が次第に護岸壁で覆われるようになり、次第に人生ならぬ川生が窮屈になってきたことを思わせる。

葉山の街中に出ると、川とは付いたり離れたり。清流ではあるが、薄汚れたコンクリート護岸のイメージからすると、大きなドブ川のよう。中年期になって、だいぶ世間の俗塵にまみれた感じだ。地図を頼りに、川から離れ過ぎないような道を選ぶ。もはや勾配を感じないような緩い道を下って行くと、観光客や地元民の行き交う街道となる。現役生活の引退間際に賑やかになったかのよう。最後は河口、既にゆったりした流れがそのまま海に吸い込まれていく。誕生直後から見守り続けた川の最晩年である。

森戸神社で参拝して、川の行き着いた海を眺めつつ、静寂から賑わいへの川旅を終えたのだった。【12月上旬歩く】

みゅうの道草トーク
「イノシシにご用心！」

狭い、というより町の間に山があるような三浦半島に大型動物なんていないと思っていたの。ところがどっこい、いたのよね。薪炭燃料のために森が減っていた時期は皆無で、昭和の頃まで出没していなかったのよ。それが10年ほど前に、飼われていた数頭が逃げ出してどんどん増えちゃったの。気候温暖でエサも豊富、生育に最適な環境みたい。今では横須賀の塚山公園付近まで出没してるわ。畑の被害が酷いので、罠を仕掛けて駆除しているんだけど、なんと年平均で50頭くらい！　基本、臆病だから積極的に人間に突進してくることはないようだけど、熊に準じた対策が必要なようね。①出会ったら、近寄らずにゆっくり後ずさり。②食べ残しを放置しない。③子供を見つけても近寄らない。④罠があるのでヤブに入らない。もし目撃した場合は、葉山町環境課(046-876-1111㈹)まで通報してあげてね。

森戸奥の源流から源流へ

◉ 注目スポット❶【森戸川林道終点広場】

建前上は通行禁止の森戸川林道の終点は広場になっていて、丸木製の素朴なベンチもあって休憩に絶好。中沢と南沢の合流点で、山奥の谷間にもかかわらず5つのルートが分かれる重要なターミナルとなっている。

◉ 注目スポット❷【森戸川河口】

川の一生にこだわるからには河口の確認は欠かせない。しかもただの河口ではない。右岸はそのまま森戸海水浴場の砂浜であり、左岸は森戸神社の境内という華やかさ。源流の一筋の水が、愛おしく思い出されるだろう。

◆ 延長コース

人跡稀な静寂の山奥から、メジャーで人の溢れる海岸へのギャップ感を、さらに感じたければもう一歩き。森戸川の河口から浜辺を北上して葉山マリーナへ向かう。海側には岩礁が出てきたり、陸側には中世ヨーロッパの城塞のような岸壁（旧別荘の塀）が現れたりと、一風変わった景観を楽しめる。潮が満ちるとギリギリになるような箇所もあるが、葉山マリーナの境界壁の直前まで浜通しに歩ける。一旦、バス道に出るが名うての狭い道なので、とにかく車には注意。ほどなく葉山マリーナの駐車場を抜けて、葉山港に出る。多数のヨットが係留された岸壁沿いにボードウォークなどがあり、ラストは防波堤へ。ここの突端での、海への突出し感は三浦エリアでもトップクラス。逗子から鎌倉の海岸線をたっぷりと眺めつつ、先刻の森戸源流との落差を思うと良い。後は、歴史ファンなら鐙摺(あぶずり)城のあった旗立山、地質ファンなら鐙摺の不整合（時代の異なる地層群が接している様が露出したポイント）などを見学しつつ、逗子海岸方面まで歩いていこう。🚶 森戸神社（25分）葉山港（35分）逗子駅

交通アプローチ
行き：逗子駅または逗子・葉山駅（衣笠駅行きバス20分）境橋、または衣笠駅（逗子駅行きバス15分）境橋
※本数は1時間2本程度
帰り：森戸神社（逗子駅行きバス15分、1時間に5本）逗子駅または逗子・葉山駅

参考タイム
境橋（80分）乳頭山（45分）林道終点広場（30分）ゲート（25分）
長柄交差点（25分）森戸神社

16
三山縦走から畠山へ
植生の移り変わりを感じつつ

レベル	中級
歩行タイム	3時間15分（畠山まで）
季節	11月〜5月

歴史
★

自然
★★★

観光
★

三浦エリアで山と山との間の起伏が大きく、山脈らしさが感じられる山々といえば、二子山に阿部倉山を加えた三山が名実共にナンバーワンだ。そこから葉山アルプスをたどり、やはり存在感の大きな畠山を目指す。三浦の山で、最もダイナミックな縦走を堪能できるルートとして紹介しよう。

世にも珍しい陶器製の道標、阿部倉山一帯で見られる

形良く揃った二子山兄弟（左が上二子、右が上二子）とその右手に妹分のような阿部倉山。鷹取方面から

葉山エリア
Hayama

長柄交差点から旧道を歩き始める。道の正面、花札の坊主のように阿部倉山が大きく見え登高欲が湧く。登山口が分かりにくいが（地図の拡大図を参照）、登りに掛かると道がはっきりする。阿部倉山へは、巻き道を分ければほどなく山頂。下界からの印象通り、ごく緩やかな傾斜で実に広大、休憩を兼ねて十分に時間を取りたい。かつてはうっそうとしたスギ木立の只中であったが、地元有志の「阿部倉山山の森 保全の会」の活動によって一帯が明るく開けた。さらには桜と紅葉、蝋梅などの名所にすべく精力的に整備が進んでおり、将来が楽しみだ。山頂北側の急斜面を下り巻き道と合流、そのまま二子山を目指す。

アップダウンを繰り返しアオキの繁る急登が終わると下二子山に着く。展望は無いが豊かな照葉樹に覆われた安らぎのムードがいい。次の上二子山は、ほぼ標高が一緒、なのに鞍部は深い。なにせこの二子山、遠方から見て鎌倉＆三浦エリアでは一番目立つ山。それはこのお椀を伏せたような二つの山の間の落ち込みが深いから。北丹沢の宮ヶ瀬の山からでも、容易に判別できたことを思い出す。ジェットコースターのような上り下りを強要され、いやでも「縦走」の気分を味わえることになる。

上二子山のピークは、兄弟である筈の下二子山とは対照的で底抜けに明るい。ここまで全く意識してこなかった東側、東京湾方面の展望が開けるのがポイントだ。横浜のランドマークタワーは元より、今では東京スカイツリーを見つけ出せるかどうかが、山上からの都会ビューの大目標と言える（→次ページ写真）。広い山頂は休憩にも絶好、巨大な電波塔も立っているが、一

阿部倉山山頂の一角には、富士山と江ノ島の絶好の展望スポットがある

等三角点にも注目しておきたい（➡ 78 p 注目スポット）。

山頂の階段を下ると車道の幅の道となり、葉山アルプスの縦走コースを歩き始める。源流部への分岐を過ぎると、うっそうとしたスギ林が延々と続く。三浦エリアでは最大のスギのまとまりではないか。林の手入れはまずまず、林床にも陽が届くようで、リョウメンシダ（葉の裏側にも胞子の黒ゴマ模様がない）が各谷戸の源頭部まで斜面を一面に彩り、薄暗い中でもグリーンが目に鮮やかだ。道は尾根を巻きつつ屈曲を繰り返し、馬頭観音に行き着く。三浦分水嶺の道（➡ 136 p）に合すると、尾根の向こうの横横道路の騒音が飛び込んでくる。この先しばらくのお付き合いと割り切ろう。相変わらずのスギ林だが、かつて晩秋にサルナシの実を採ってキウイそのままの味を堪能したこともある。雑木が部分的に残されているようだ。

各方面から登山道が合わさるターミナルともいうべき乳頭山で一休み。ここの展望は狭いが、碧い東京湾越しの京浜方面の眺めがいい。畠山まではいくつもの小さなアップダウンを繰り返す。「要塞地帯」の

葉山の奥山は、三浦半島で最も山深く多彩なルートがある。本コース以外にも、三山縦走を取っ掛かりにして、葉山編の各コースと組み合わせて自在にプランを組んで欲しい。

二子山の山頂は東京・横浜方面の天部台としてナンバー1だ。左手にランドマークタワー、右端奥にかすか

石柱を見つつ、ほどなくスギ林から自然林に代わる。足元に赤い花びらが目につくと、見上げればヤブツバキの姿が。秋にはヤマブドウが採れることもある。やはり、スギ林より自然林の方が豊かだ。

畠山が近づくとアオキが増えてくる。スギ林では遠慮がちであったのが、ここでは林床一面にアオキが占める所もある。畠山山頂は広くまた植生が豊か。ケヤキなどの大木が存分に枝を広げ、足元には様々な草本類が、自己アピールに懸命であるかのように萌え競っていた。

【2月中旬歩く】

◉ 注目スポット
【二子山の一等三角点】

上二子山には鎌倉＆三浦エリアで唯一の一等三角点がある。ニッポンの地図を作った明治以来の三角点測量で、最も重要な基準ポイントだ。全国に969点、神奈川県では6点しかない。2等以下の三角点に比べ標石は立派で周囲四方には護衛の様に石を埋めてあって、あたり一帯が「ここは一等だ！」なるオーラを発しているかのよう。なお頑丈そうでいて結構デリケートなので、踏んだりせず、なでるくらいにしておきたい。

標石は2等以下の三角点に比べて、一辺が長く風格を感じる

みゅうの道草トーク
「タイワンリス」

山中、時には街中で、最近よく「キコキコキコ」っていう、甲高くて鋭い声が聞こえるでしょ。最初の頃は「トリさん？」って思ったけど、実はタイワンリスなのよね。名前の通り台湾出身で、元々は江の島で見世物になっていたのが逃げだして野生化しちゃったの。生息域が江の島から鎌倉へと広がって、今では三浦全体にいるわ。鳥たちや小動物にも脅威だけど、樹液を吸ったり歯を研いだりで樹皮も写真のあり様、ひどくなると枯れちゃうの。好みの樹種に被害は集中しているみたい。でも結局のところ、生態系を乱した黒幕は人間なんだけれど……。

姿だけを見ていると愛らしくもあるのだが……かじられて縞模様になってしまった樹

三山縦走から畠山へ

みゅうの道草トーク
「アオキの実鉄砲」

冬になると真っ赤な実が鈴なりになるのがアオキの一番のポイントよね。アオキは陰樹だから薄暗い森の中が好きなんだけれど、そんな中だから却って鮮やかな赤色が目に飛び込んでくるの。摘み取ってみるとイタズラ心が湧いちゃうのよ。実の端の方を親指と人差し指でつまんでそのままギュッ！ 途端にビュンと中身が飛び出すのにビックリ！ 指に残ったのは赤い表皮だけ、表皮と中の実の間に脂分があって、それで滑りが抜群みたい。あっ、かなりのスピードだから直接他人の顔に向けて発射しないでね。目に当たると危ないから。

◆ 畠山からの下山コース
①十三峠へ【中級向け】山頂から往路を少し戻り山中方面への分岐を下る。十三峠からは尾根畑から軍港、桜のシーズンなら塚山公園へ。(63ページ後段：畠山から先のコースを参照) 参考タイム：畠山 (30分) 十三峠 (30～40分) 安針塚駅
②不動橋へ【中級向け】山頂からさらに南へ下るルートをたどる。打ち続くアオキの林、下っての見事な竹林が楽しめる。不動橋からは古東海道の里道をたどるのもいい。(63ページ後段：不動橋－畠山間を逆コースで参照) 参考タイム：畠山 (25分) 不動橋バス停 (40分) 上山口小学校バス停

◆ サブコース①
最初の三山を省き、葉山町の野外スポーツのメッカである南郷上ノ山公園からスタートする。初めは公園の外輪山をぐるりと回る林道（一般車通行不可）をゆったりと歩く。上二子山の手前で葉山アルプスへの登山道に入る。交通　逗子駅または逗子・葉山駅（バス10分、1時間に1本）南郷中学校
参考タイム：南郷中学校 (55分) 馬頭観音

交通アプローチ
行き：逗子駅または逗子・葉山駅（山手回り葉山、長井行き等のバス5分、1時間に6本以上）長柄交差点（駅から徒歩でも15～20分程度）

◆ サブコース②
乳頭山を下った所で畠山への分岐に転進せずそのまま主稜線を辿って、遥か森戸海岸を目指す (→59ページ)。阿部倉山から仙元山までの葉山アルプスの完全縦走を達成できる。累計標高差は登り下りとも1000mを越える、中級山岳並みのコースとなる。参考タイム：逗子・葉山駅 (2時間40分) 乳頭山 (3時間10分) 森戸海岸

参考タイム
長柄交差点 (40分) 阿部倉山 (40分) 上二子山 (40分) 馬頭観音 (35分) 乳頭山 (40分) 畠山

17
三浦西海岸沿いに海・山・里めぐり
森戸・小磯・立石、格式ある3海岸を訪ねて

レベル	中級
歩行タイム	3時間35分
季節	11月〜4月

📖 歴史 ★★　　🍃 自然 ★★　　📷 観光 ★★

葉山から秋谷にかけての三浦西海岸には、人気や知名度では湘南ほどではないものの、格式では勝る「名海岸」が連なる。西岸に沿って海から山へ里へ、また海へ。山でリセットされることで、各海岸の品格ある個性が一層際立って目に映るに違いない。

葉山の裏通りには味わいある小道が網の目のように巡らされている

早春の子安の里。コブシの白い花が青空に映える。ニッポンの里の原風景がここにある

葉山エリア
Hayama

まずは森戸神社に参拝、そのまま森戸の海へ。真正面に富士が見えるのが湘南の海との際立つ違いだが、沖合いに鳥居のある菜島、群れるヨット。品格が漂う中にも垢抜けたムードがある。南へ回り込むと、潮が満ちていなければ岸壁下を海岸周りで歩ける。正面には本日最初の山である三ヶ岡山(大峰山)がでんと構える。

神社の脇から遊歩道が付いている。少々立派過ぎるかもしれない。丸太の階段が寸分の隙もなく果てしなく連なる様には、覚悟していても心が折れる。しかし登りきってしまえば稜線漫歩。三ヶ岡山の名称通り3つの緩いピークをたどる。湘南方面の展望が利くように整備されているが、より印象深いのは反対側、これから向かう一色海岸と大浜海岸の眺めだ。二つの浜が縦に並ぶ双曲線の構図が決まっている。

山を下り街道に出た所で「佐島石こみち」との看板のある山際の小道をたどる。国道を渡って、珠玉の「しおさいこみち(➡道草トーク)」経由で一色海岸に出る。ここは葉山御用邸の真裏、数か所に番所が立ち、それぞれに警察官が詰めている。もちろん我々もしっかり見張られている。ニッポン中を探しても、こんな海岸は他にないだろう。大浜海岸との境界に小磯の岬があり、草原状で寝ころぶのに最適。むろん両陛下が散策されることもある。ある意味ここほど格の高い海岸もない。状況によって写真撮影が制限されることがあるが、格式ゆえと割り切ろう。

そのまま長者ヶ崎方面まで浜沿いに歩く。残念ながら岬先端へは行かれないので、駐車場スペースに上がりそのまま国道へ。豪奢なホテル:音羽ノ森の先で山への

三ヶ岡山から。大浜海岸と一色海岸の双曲線が絶妙のハーモニーを醸し出している。最近はヤブで見えにくい。

登り道が分かれる。坂の途中で振り返る海の景色もいい。なおも坂をジグザグに上る。分岐も多いが、上部では出荷用のお花畑が広がる。登りきると、尾根上にミステリアスな峰山の池があるので寄っておく(➡注目スポット❶)。戻って尾根をたどる。車道だが見晴らしが効き気分良く歩ける。かつて馬が飼われていた乗馬クラブ跡を通る。

林道の果てから森中の山道になる。直進すれば葉山奥へ抜けるが、笹の中に右への分岐がありそちらへ曲がる。しばし下ると車道が出てきて畑が現れ、子安の里入りを告げる。光雲寺の手前で舗装された人道を下る。緩やかな斜面に畑が広がり、ピンクの花を付けた梅の木がアクセント。背景には湘南国際村の建物が、違和感がありながらもどうにか風景の一員となっている。里を貫く道路を渡り反対側の斜面を上がる。なおも里道は左右にカーブし上下に振れつつ続く。石像や庚申塚なども心和む。

里の外れ、大楠山を見晴らす所で山に向かって道が分かれる。ここから本日ラストの山に突入。自然の密度では本日筆頭。伸

海岸歩きは問題ないが、子安の里に至る山道と里から抜ける山道は一般ルートではないので、地図読み力とある程度の勘が必要。梅・桜・芽吹きと続く、3月から4月が特に良い。

びやかな森の情景、覆い被さる照葉樹の梢。ここもまた海と山里を結ぶ古来の生活道路だ。緩い峠を越え深い森を下る。幸い名勝である立石に近い。国道を横断し、そのまま本日ラストの海岸まで出る。江戸時代から人々に愛された観光スポットであり、歴史的な格式の高さでは本日 No.1 かもしれない。【3月中旬歩く】

◉ 注目スポット❷ 【立石】

かの安藤広重も愛でた立石。矢部層と呼ばれる、1千万年前の水中の火砕流によって出来た地層で出来ている。その来歴も激しいが、その後の相模湾の激しい波濤にもまれ、絵になる立ち姿となった。白砂青松、形良い岩礁から成る伝統的な海岸風景。古典的な名勝でありながら、現代的鑑賞眼にも堪える歴史的普遍性を持っている。

◉ 注目スポット❶
【峰山の池】（葉山大池）

三浦エリアの池の大半は灌漑用の溜池がルーツだが、ここは尾根上の窪みに水が溜まった天然の池である。道路から奥まりヤブっぽく、看板類も皆無だから訪問者は稀だが、深い樹林に囲まれ幽すいなムードならエリア随一だ。ただ周辺の土砂の流入のせいか、年々浅くなっているようで、近年では冬など渇水期には涸れてしまう。やはり水がないと面白くない。とはいえ、写真の様な梅雨時などは、踏み込むのにちょっと勇気が要るかもしれないが。

アロエの花咲く時期は、一風変わったムードが楽しめる（2月上旬）

◆ 短縮コース【初級】

森戸神社から長者ヶ崎までとすれば、初心者にも無理の無いショートコースとして推奨できる。森戸神社（1時間30分）長者ヶ崎（逗子駅行きバス20分、1時間に5本）逗子駅または逗子・葉山駅

 みゅうの道草トーク
「しおさいこみち」

葉山では、表通りの裏手に網の目の様に小道が張り巡らされているの。山と海に囲まれた狭いエリアだから、地形に沿うように、うねったり上下に振れたり、自然な曲線を描いているのがいいわね。そんな中で私のいち推しが「しおさいこみち」。バス通りと一色海岸を結んでいて長さ150m、幅は2mくらい。必ずバス通り側から入ってね。公園の塀と生垣に挟まれて最初は平凡なんだけど、道が曲がった所で、不意に真っ青な海が四角形に嵌め込まれて感動！　その青マークは歩くに従い大きくなって、刻々の変化がアートそのもの、そしていっぺんに開ける海！　綿密に計算されたかのように劇的なのよ。他にも似たような小道がいくつかあるから、入口を間違えないようにしてね。それと手前の国道は通行量が多い上にカーブで視界が悪いから、面倒でも必ず横断歩道を渡って欲しいわ。

左の壁がしおさい公園、右の垣根が美術館。両サイドのコラボで生まれた葉山の奇跡！

三浦西海岸沿いに海・山・里めぐり

◆サブコース【中級】

峰山の奥で子安へ向かわず、そのまま尾根通しに山道をたどる。奥まったムードがなかなかいい。湘南国際村方面から上がってくる車道と合流するが、そちらへは行き止まりなので左手へ坂を下る。「進入禁止」とあるが、自己責任ルートの様で、ここを進むか否かは現地で各位の判断で。ジグザグに下ると葉山の奥里に出る。町内一の梅の木などあって、のんびりと歩ける。最寄りのバス停は水源地入口だが、ここを起点にして森戸神社までの逆コース、または立石までの順コースとするのもいいだろう。分岐（45分）水源地入口バス停

交通アプローチ
行き：逗子駅または逗子・葉山駅（海岸周り葉山行きバス10分、1時間に5本）森戸神社
帰り：立石（逗子駅行きバス25分、1時間に5本）逗子駅または逗子・葉山駅

参考タイム
森戸神社（40分）大峰山（35分）小磯（45分）峰山の池（45分）
西行院（45分）秋谷バス停（5分）立石

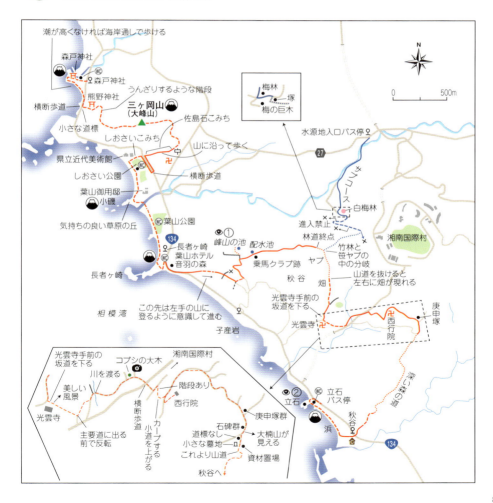

ネイチャー＆ヒストリートーク ④　　葉山編

三浦で一番深い山：森戸川源流域

上山口の里山風景

Mr.マック：森戸川源流周辺の山は、その広さといい、深山のムードといい、鎌倉＆三浦でもナンバー1の存在だね。

みゅう：昔から大切に保存されてきたの？

Mr.マック：実はその逆なんだ。畠山から観音塚に連なる、いわゆる葉山アルプスの大半が不動産関連会社の所有地になっている。面積にして3km²余り、実に葉山町全体の面積の5分の1に迫る広さだ。

みゅう：そんなまとまった土地が、なぜ開発を免れてきたの？

Mr.マック：50年ほど前に会社の所有になったんだけれど、市街化調整区域に指定されてしまったので開発できず、いわば塩漬け状態で今日に至っているんだ。

みゅう：じゃあ、これからはどうなるの？

Mr.マック：実は所有会社から、そっくり町に寄付したいと打診があったんだけど、保全の費用が莫大になることなどから、町で協議している間に、白紙に戻ってしまったんだ。

みゅう：えええっ？　ちょっともったいないなあ。

Mr.マック：ところが数年前に会社側の協力もあって、市民・企業・行政などが連携して「二子山山系自然保護協議会」が結成されたんだ。ボランティア活動を柱にして、会社所有地に留まらず、逗子市を含む森戸川源流域一帯の6km²以上のエリアで、自然を守り育てていく仕組みが出来上がったんだよ。地権者が、実質大手の一社だけで、多数に分散していなかったことも、うまく運んだ要因かもしれないね。

みゅう：凄いじゃない！　実際にはどんな活動をしているの？

Mr.マック：大まかには、自然のままに保全する区域と、人間がかかわる里山のイメージで保全していく区域に分けたんだね。その上で、良好な谷戸環境の復元とか、山の材料を利用してのモノ造り、子供も交えた野外活動など、自然保護の枠を超えた多数のプロジェクトを設けてそれぞれに活動を展開しているよ。様々なジャンルで、多くの人を巻き込んでいくための仕組みといえるだろうね。

みゅう：「炭焼き復活プロジェクト」なんて面白そう！

Mr.マック：ハイカーにとっても福音なのは、登山ルートの「巡視プロジェクト」かな。おかげで、奥深い森戸エリアの登山道が安全で歩きやすいものなってきているから。

みゅう：でも人が増えてオーバーユースになってこないかしら？

Mr.マック：整備が進む分だけキャパも増えるから、当面は大丈夫だろう。それに多くの人に良好な自然を知ってもらうことが、結局は保護につながっていくんだ。「知られざる自然」ほど危なっかしいものはないからね。誰も知らないのをいいことに、さっさと開発されちゃう。

みゅう：じゃあ、どしどし森戸の奥山を歩いてもらわなきゃ！

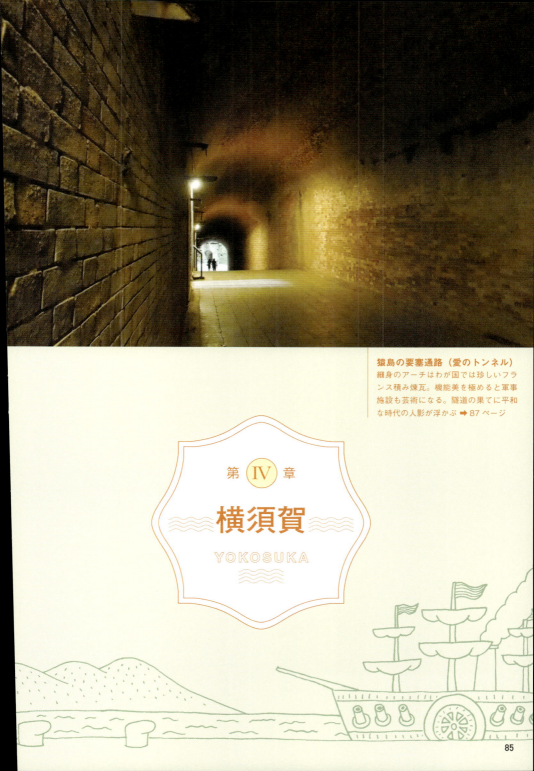

猿島の要塞通路（愛のトンネル）
細身のアーチはわが国では珍しいフランス積み煉瓦。機能美を極めると軍事施設も芸術になる。隧道の果てに平和な時代の人影が浮かぶ ➡ 87 ページ

第 IV 章 横須賀
YOKOSUKA

18
博物館と猿島
三浦の自然と歴史を多角的に学び体感する

レベル	初級
歩行タイム	1時間25分
季節	ほぼ通年

本書では異端のコースである。三浦半島を知る上で外せない2大スポットをタウンウオークの延長で探訪する。ひとつは歴史と自然を体系的に納めた博物館、もうひとつが自然となじんだ史跡を肌で感じる猿島である。行程も短いので、他ルートの帰りがけに立ち寄るのもいいだろう。

三笠公園から望む、夏の猿島

歴史 ★★★　自然 ★　観光 ★★

猿島の要塞通路。深く穿たれた谷底に通る道、覆い被さる自然林が、景観に一層の箔を付けている。

　県立大学駅から線路沿いに歩いて、まずは戦国期の浜代官を務めた永嶋家ゆかりの赤門へ。線路の山側の道に移り進むと、曲がりくねったゆるい階段になる。右手の石垣は黒い石を長辺・短辺と組み合わせて積んだ明治期以降のもので、ブラフ積みと呼ばれる。またここは山口百恵さんの「横須賀ストーリー」で歌われた「急な坂道」の候補の一つと聞く。そこを「駆けのぼったら」見えてくるのが、横須賀市自然・人文博物館。まずはじっくりと見学を。

　博物館の裏手が平和中央公園。2021年春に全面リニューアルされ、令和らしい(?)明るく垢抜けたムードに満ちている。ここから、目指す猿島が東京湾にいい塩梅で浮かんでいる。ぐるりと回って日蓮上人の伝説のある龍本寺の境内へ。本堂の右脇を回りこむと急に前方が開けて、横須賀中心街を見下ろしながら長い急階段を下る。下れば繁華街、中央の目抜き通りを歩き、

猿島内は良く整備され運動靴で十分。近年はえらく人気が出て、シーズン週末の島内は人でごった返すので避けた方が良いだろう。島から戻ったら三笠艦を見るも良し、横須賀線横須賀駅までのタウンウオークもいい。

横須賀エリア
Yokosuka

三笠艦に向かう。外郭そのものが最大の記念物であるというのがポイントだ。その気になれば見学に半日はかかるので、先に猿島航路の乗船場に向かう。

島内は谷筋の要塞跡と、山越えの道でぐるりと1周するようになっている。通常とは逆に山から歩く。山上は豊かな自然林のように見えるが、戦時中に高射砲陣地として使われていた頃は禿山に近かったので、大半が戦後の成長だけでここまで育ったことになる。自然の回復力を見せつけられた思いだ。島の反対側の海岸に下りる。ここから見える海は広くて実に爽快。そして最大のお目当て、猿島要塞通路。煉瓦あり、石積みあり、それらが適度に風化し自然と一体化しつつあるかのようになじむ。軍事目的で機能オンリーの建造物が、ここまで芸術性を帯びる。通常は次の船便で帰る人が多いが、ぜひとも1本遅らせて、じっくり史跡と向き合いたい。

帰りの船を待つ間は、浜辺でぼーっとするといいだろう。横須賀市街地は目の前、その背後に三浦の山々が延々と連なる。既に登った山なら見当がつくかもしれない。
【6月上旬歩く】

※猿島航路:（株）トライアングル ☎ 046-825-7144
★往復運賃 1400円＋猿島公園入園料 200円
★ 3月〜11月：毎日運航 9:30〜16:30、12月〜2月：土日祝日のみ運航 9:30〜15:30、荒天時は欠航

注目スポット
【横須賀市自然・人文博物館】

地質や動植物が展示された自然館と、縄文時代からの歴史が展示された人文館から成る。自然館ホール床の三浦半島から鎌倉までの巨大な航空写真には目を奪われる。自分のたどった山や海を確認できれば感慨もひとしお。入館無料。月曜休館（祝日の場合は翌日が休み）。9:00〜17:00 開館。

 参考タイム
県立大学駅（10分）博物館（15分）
横須賀中央駅（15分）三笠桟橋（船5分）
猿島（1周40分）

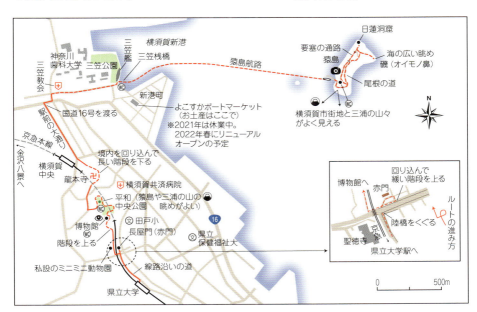

19
大楠山① 塚山公園から天神島まで
緊張の海から花の楽園を経て癒しの海へ

レベル	初級
歩行タイム	4時間
季節	10月～6月

三浦エリアの最高峰：大楠山（おおぐす）へは7本もの登路があるが、諸ルートの中でも変化に富むのが塚山公園からのルートだろう。東京湾側から登り相模湾側へと下る、三浦半島を東西に横断するメジャーコースだ。お花見ポイントが二つ、のメリットも見逃せない。

歴史
★

自然
★★

観光
★★

春が来た、尺取虫も出発だ

阿部倉付近の、里風景の展望スポットで。背後の小山、竹林、雑多な畑。水溜め容器や支柱までが里山風景の構成パーツとなっている

横須賀エリア
Yokosuka

桜満開、今日はズバリお花見ハイク。いきなり安易とは思いつつ、駅からすぐのエレベーターを利用して尾根上のマンション群へ。緑地が美しく整備され、花盛りの散策が楽しい。塚山公園は横須賀きっての桜の名所、海の青さと花のピンクがコラボするのがなによりの売りだ。が、港の見える展望台まで上がると華やかなムードは一変、原子力空母を始め居並ぶイージス艦、そして今まさに潜水艦が出航していく。桜模様とは裏腹に、前面の海には緊張感が漂う。公園の高みにある按針塚に寄っておく。漂流した英国船から流れ着き、家康の外交顧問となった三浦按針が、夫妻で眠っている。按針は江戸初期の外交方針ひいては平和に寄与したとの歴史的評価もある。緊張が解け平和でありますようにと手を合わせる。

山を下りた所の地名がズバリ「山中」。インターチェンジをくぐり、メーンロードをそれると春爛漫、里風景の道となる。バス通りを渡る。途中、奥行きのある里景色を眺めるポイントがある。こんもりとした山の前に、森・竹林・畠・路地・水溜め、それらが一体となって明るい春の絵を描く（➡ 前ページ写真）。

高速道をくぐると大楠山への山道になり、しばし渓谷美を楽しむ。覆い被さるモミジに竹林、縦構図が実に決まる。渓を離れるとスギ木立に坂道が伸びるが、ここの風情も又いい。短いながらも興趣に富むルートが続くが、さすがに大楠山は三浦最高峰だけあって上りが延々。上がりきればゴルフ場である。金網のトンネルを隔てて向こう側に広がる別世界。カートに乗って優雅にクラブを振る人々。ハイカーからす

花の名所、塚山公園のソメイヨシノ

ると非日常な光景だが、ゴルファーから見るハイカーこそ、さぞ珍妙に見えていることだろう。

大楠山からの展望はいわずもがな、東京湾と相模湾の双方がバランスよく見えるのがポイント。スタートの緊張の海を遠く眺めつつ、ゴールにはどんな海が待っているかと思う。パノラマの中で、強烈な色彩アクセントになっているのが大楠平の菜の花の黄色だ。ちょっと寄り道になるがここは外せない。全国の名立たる菜の花名所からすると取るに足らないスペースだろうが、山上にあって周囲を花の樹々に囲まれ、緩やかなうねりもあって実に広やか。量よりも景観の質で勝負だ。早期には河津桜、花期の長い菜の花、今を盛りのオオシマザクラ、長期にわたって花見が楽しめる。この先のコース状況からして、多少のアルコールなら許されそうなのもありがたい。

下りは林道を使う。狭くてアップダウンの激しい山道と違い、足を投げ出すだけでいい。山頂のお花見その他で足元が多少おぼつかなくても、安心して下りられるのを見越して選んだコースだ。加えて路上には樹々が網目状に濃い影を落としアートそのもの、この点も広い道なればこそのメリッ

2つのハイキングコースをつないでいるので、中間の里歩きで道に注意。季節的には河津桜や菜の花の咲く2月下旬から4月上旬くらいがいい。

林道ゆえにのんびりとお気楽に下れる道

トだろう。右手に溜池を見れば、もう下界である。大楠芦名口バス停で切り上げる手もあるが、さらに海を目指す。小さな半島の様な佐島一帯は、かつては畑の点在する里風景であったが、既に東日本大震災前には尾根道より南側はすべてリゾートチックな宅地となった。反対側はかつてのままだったが、震災後に大規模ソーラー施設が出来て反射光が眩しい。小さな半島も時代の流れに翻弄されているかのようだ。

　佐島は漁師町で、海鮮土産や海鮮食堂が並ぶ中を、最終目標である天神島に橋で渡る。そしてすぐ右の浜辺へ。湘南方面と違い、さすがにここまで来ると人も少ない。島ゆえに相模湾に突き出しているから、他の著名な海岸よりも、海がとにかく広い。

今日は波も穏やかだ。はじめに見た緊張の海は、今まさに癒しの海となって締めくくられたのである。【4月上旬歩く】

◉ 注目スポット
【天神島ビジターセンター】
　横須賀市自然・人文博物館（➡ 87ページ）の分園。天神島一帯は、島全体が天神島臨海自然教育園として野外観察の場になっている。海辺に出てみると、小さな浜、その先に続く岩礁、背後にはタブやクロマツなどの色濃い森。いろんな自然のパーツがこの小さい島にまとまっている。その模様が展示されたビジターセンターは、周辺の観察とセットで訪れると良い。◆開園時間：4～9月 9:00～17:00、10～3月 9:00～16:30、月曜・年末年始休み　※センターは元より、海岸線も園内であり、開園時間外は立入禁止となっている。

癒し系の天神島は、島全体が観察の学び舎でもある

Mr.マックの道草トーク
「大楠山の標高とパノラマ」

大楠山は標高241 m。昭和の頃は242 mだったけど1 m縮んだ勘定だね。写真を見て欲しい。現在の三角点標石（右下の円筒の上面）より一段高い所にコンクリート板が乗っかっているだろう。おそらくは砲台跡かなにかで、最初は地面を掘ってコンクリートを流したんじゃないかな。それが山頂一帯で土砂が流出して、キノコの傘みたいに残されてしまった。手前の三角点標石が埋まる地べたは、コンクリート板より見た目1 m程低い。その分だけ背が低くなった勘定だよ。
さて、大看板には「242.0 m」（以前のまま）と書かれているけれど、小数点がかすれて読みにくいんだ。で、「ここって2420 mもあるの！」ってびっくりしている人がいたね。山登りをよく知らない人なら、そんな錯覚をするかも。それほどここからのパノラマは素晴らしいんだ。高い展望台があるから、360度が欲しいまま。ただしこの塔は市の委託で管理されていて、開放は9時から16時まで。夜や風の強い日、売店がお休みの日も上がれないから承知しておいてほしいね。

手前が現在の三角点、後方にかつては地中に嵌め込まれていた筈のコンクリート板、その差1 mくらいか（上）

大楠山① 塚山公園から天神島まで

◆ **サブコース**

横須賀しょうぶ園を起点とすれば、はじめに園内を巡って四季折々の花を観賞、園外の道を反時計回りに進めば、10分足らずで阿部倉温泉への道に合流できる。シャクナゲ、フジ、ショウブといったメーンの花が見ごろになる4月から6月は有料（大人310円）だが、その他の期間は無料。🚌衣笠駅（しょうぶ園循環バス10分、1時間に2本）しょうぶ園

◆ **短縮コース**

大楠山だけが目当てなら途中の大楠山登山口からスタートしてもいい。逗子駅または逗子・葉山駅（衣笠駅行きバス20分、1時間に2本）大楠登山口

交通アプローチ
行き：安針塚駅
帰り：佐島マリーナ入口
　　　（逗子駅行きバス30分、
　　　　1時間に1本くらい）
　　　逗子駅または逗子・葉山駅

参考タイム
安針塚駅（25分）按針塚（20分）
山中インター下（25分）
大楠登山口バス停（20分）
阿部倉温泉（45分）
大楠山（5分）大楠平（55分）
大楠芦名口バス停（40分）
天神島（5分）佐島マリーナ入口

横須賀しょうぶ園の春は様々な花で彩られる。

阿部倉温泉から渓谷沿いの道

20
大楠山② 前田川から衣笠山まで
坂東武者の面影を追って

レベル	初級
歩行タイム	3時間45分
季節	11月〜4月

大楠山で最もオーソドックスなルートだ。通常は衣笠スタートで海側へ下るのだが、ここでは坂東武者※の面影を追って、海側から上がって温泉で締めくくる順で紹介する。大楠山の河津桜や菜の花に合せるなら、2月下旬から4月始めがベスト。

※坂東武者：関東出身の武士を指し勇猛果敢て知られる。特に鎌倉期以前をイメージ。

歴史 ★★　自然 ★★　観光 ★

アートな山頂表示板。どこにあるのかは現地でのお楽しみ！

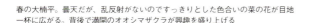

春の大楠平。曇天だが、乱反射がないのですっきりとした色合いの菜の花が目地一杯に広がる。背後で満開のオオシマザクラが興趣を盛り上げる

横須賀エリア
Yokosuka

前田川遊歩道。水と戯れるのにも最適だから、ここだけなら夏場の方がいいかもしれない。

　運慶仏の拝観を予約しておいた浄楽寺からスタート。お目当ては本尊の脇に仕える毘沙門天像。前を見据えた玉眼を持つ顔面と躍動感あふれるポーズは、猛々しい坂東武者を彷彿とさせる。しばしの対面で、この顔相・体躯を眼裏に刻み込んでおく。

　街道を右に折れ山に向かう。大楠山に端を発する前田川が寄り添い、川底への階段を下りると楽しい遊歩道歩きになる。親子連れも多いが実にワイルドで、これほど水に親しい歩道も珍しい。函状の川地形の底でちょっと薄暗いが、それが冒険心を掻きたててくれる。石を跳び、淵の際を歩き、瀬や瀞の水流に触れあいつつ溯る。やがて橋を見ると水辺を離れる。渡河を終えた騎馬武者が山道に入る気分だ。大楠山へのメーンルートだけあって歩きやすく、また森が良好で深いエリアでもあるので、どっぷりと森林浴しつつ登って行く。

　照葉樹中心の樹影の濃いルートから、いきなり大楠平に跳び出す。ここの明るさはどうだろう。折しも河津桜が満開、見晴らしのいい山上だけに、遠い山並みを借景にして、天に向かって伸び伸びした様が清々しい。ひと月早い花見を堪能しつつ、武者も花を愛でたのかと想像を巡らす。大楠山山頂では定番の大パノラマを楽しむ。山は未だ冬の風情だが、青い海が鮮やかだ。展望塔を下りて、ゴルフ場との境、金網のトンネルをくぐっていく。道の窪みには椿の花びらの赤色が鮮やかでバージンロードのよう。阿部倉へ下る道を分けると、しばらくは緩いアップダウンののんびりした道が続く。そんなムードは突如として打ち破られる。山が広く開削されていて、近代的な箱型の建物が目の前に現れる。2020年に完成したばかりのゴミ処理施設「エコミル」（➡注目スポット①）だ。

　ここからしばらくは山中の車道歩きとなる。分岐もあるが、路上にグリーンの歩行帯塗装がなされているので、それを辿って行けばよい。やがて再び山道となるが、ほどなく横横道路を跨ぐ歩道橋を渡る。右折して高速道沿いの林間を歩くと、里に出て大善寺に至る。この辺りがお目当ての衣笠城址に当たる。残念ながら、はっきり城の遺構とわかるようなものは何もない。山全体のムードから城郭を連想し、武者の雄叫びを偲ぶしかない。冒頭で対面した浄楽寺毘沙門天像を、今まさに畠山勢を受けて立つ三浦党の武者に見たててみよう。

　かつての城の北側の防御ラインを下る。正面に見える衣笠山とは緩い谷戸で隔てられているが、かつての谷戸底の畑地帯も今は御大層な道路が完成、その脇をかすめて本日最後の坂を上る。衣笠山公園は「日本のさくら名所百選」に選ばれるほど桜が多いが、さすがに今は固いつぼみの状態。それだけに山頂一帯は静かで、展望台からは大楠山が三浦随一の貫録を見せ、背後に畠山を始め、武者に縁ありげな山並みが続く。

　公園の表口ではないが、衣笠駅への最短

　大楠山名物の展望鉄塔は、管理している売店が閉まっている時や強風時は施錠され登れない。一段下がった大楠平にある、国土交通省レーダー雨量観測所（次ページ写真の巨大な白い塔）の展望台で我慢しよう。

大楠山山頂からのパノラマ

ルートをたどる。下るに従い水辺が寄り添い、三浦の原風景らしくなっていく。それも束の間、公園エリアを抜け住宅地に出る。閑静だが、そのラストに横須賀線の線路をくぐるトンネルがあって、実はこれがいい。抜ければいかにも昭和なアーケード商店街、喧騒のど真ん中に放り込まれるのである。ここから衣笠駅までは近いが、陽が傾いてきた中、あえて町中をもう一歩する。最後の目標が日帰り温泉施設「のぼり雲」（➡154ページ）だ。移設された長屋門があり建物全体がどこか城塞を思わせるのである。スタートで武者の実像を見、山中で武者の幻想を見、城風の温泉で締めくくる。武者に始まり武者に終わる、坂東武者の面影を追った半日の山旅であった。
【3月下旬歩く】

◉ 注目スポット❶
【エコミル】

なにやら？？な名称だが、横須賀市の肝煎りで多年を掛けて完成させた多機能ごみ処理施設である。実はこの施設建設のために本ルートは数年に渡り通行止めになり、う回ルートが設定されていた。ハイカーとして注目したいのが、施設の正門脇に鎮座する木製の建物。立派できれいなトイレがあり、脇にはベンチ付きの休憩コーナーや飲み物の自販機まで。施設利用者向けなのだろうが、多年に渡るう回を余儀なくされたハイカーへのプレゼントと捉えておこう。

エコミルの休憩所。靴を洗うための（？）水道まで設置

◆ サブコース 【上級】

本コース利用が2回目以降で、山慣れた方にお勧め。ゴルフ場と別れてほどなく、左側の送電鉄塔のすぐ下をかすめるような細道に入り、車道まで急降下する。高速道を潜り横断歩道を渡って、里山的風景を高速道に沿いつつ進む。途中、横須賀パーキングエリアの裏に出るので休憩には絶好だ。メーンのハイクコースに合流する直前で、衣笠城址の外縁を周る怪しげな山道に入る。おそらくはこのルートも城の防御線であったはず。草深いワイルドなコースだが、途中には深い洞窟や謎めいた煉瓦造りの廃墟などがある。明治期以降の戦争遺跡であろうと見当が付くが、詳細は不明。

◉ 注目スポット❷ 【衣笠城址】

衣笠城は山城で、その面影は広場などに痕跡をとどめるのみ。源平合戦の折りに三浦氏が畠山勢を引きつけて落城したのだが、石橋山合戦で敗色濃厚であった頼朝が、後に政権を樹立するまでの過程で重要なファクターとなっている。地元では心象的な誇りとして、往時を偲ぶ祭りなども盛んだ。旧制横須賀中学（現横須賀高校）校歌にも「坂東武者の名を留めし　衣笠城址西にして……」と歌われていた。

衣笠城址の外郭、サブコース上の謎の廃墟

大楠山② 前田川から衣笠山まで

Mr.マックの道草トーク「浄楽寺の運慶仏」

運慶といえば、現代にも通じるブランド力を持った、当時のカリスマ仏師だね。全国で31体といわれる運慶仏の内の5体がここにあるのは、鎌倉幕府有数の実力者であった和田義盛のオーダーなればこそだろう。私としては中央の阿弥陀三尊よりも、その両側に侍る不動明王像と毘沙門天像の写実性に惹かれるんだな。一般公開日は年に2日しかないけれど、1週間以上前に予約しておけば、盆暮れ正月・彼岸の時期を除いていつでも拝観できるよ。時間は10時から15時だから、朝一の予約ならその後のハイキングにうまく時間が組めるね。とはいえ、予約してあっても当日雨天になってしまうと仏像保護のために拝観はできなくなるんだ。もっとも、雨降りだとハイキングも中止になることが多いけどね。

毘沙門天像、この体躯と御顔を頭の中にイメージしておこう

浄楽寺の境内

◆浄楽寺☎ 046-856-8622
◆お寺HPからの予約：https://www.jorakuji-jodoshu.com/sanpai
志納金 500円～

交通アプローチ
行き：逗子駅または逗子・葉山駅（横須賀市民病院、長井、大楠芦名口、佐島マリーナ入口行きバス25分、1時間に5本）浄楽寺
帰り：佐野4丁目（横須賀駅行きバス10分、1時間に10本以上）横須賀中央駅または横須賀駅

参考タイム
浄楽寺（10分）前田川遊歩道入口（15分）同出口（60分）大楠山（45分）エコミル（30分）衣笠城址（30分）衣笠山（20分）衣笠商店街（15分）のぼり雲

21 大楠山下りのバリエーション

大楠山へはおおまかに7本のルートがあり、上り下りの組み合わせで様々なコースを取ることができる。ここでは、下りに適した2本を紹介する。他コースの登りルートと適宜組み合わせて、あるいは本コース①を上りに、②を下りにセットするなどして欲しい。

大楠山下り①
湘南国際村から子安の里

山頂からまずは湘南国際村を目指し、子安の里経由で久留和海岸に下る。深い森、可能性を秘めた荒地、近未来的都市、スローな里、そして海。めまぐるしいまでの場面展開と夫々のムードを楽しもう。

レベル	初級
歩行タイム	1時間40分
季節	10月～6月

歴史 ★　自然 ★　観光 ★

夕陽の丘から、名物のツツジと相模湾。関東富士見百景でもある

　大楠山の山頂からは、整然とした湘南国際村と、その手前に広がる開発中止地が対照的に眺められる。大楠平に下る途中、右手の深い森に立派な山道が分かれる。束の間、明るい森の深さと美しさを感じながら楽しく下ることができる。

　階段を下り終えた途端、森の夢は開発の現実に打ち破られる。右手には山頂からも見えたゴルフ場。ここは整備もされているから、どうにかグリーンの景観を成している。一方で正面に延びる1本の車道と周囲の草ぼうぼうの荒れ地は残念な光景だ。湘南国際村第2期の開発予定地だったエリアで、現在は「めぐりの森」（➡道草トーク）として森の再生が進められている。車道を登り詰めると湘南国際村第1期エリアに至る。「それなりに近未来的」な雰囲気への評価は置くとして、絶頂部に

☞ 湘南国際村のツツジの季節、4月下旬から5月上旬が最適。

横須賀エリア
Yokosuka

当たる「夕陽の丘」からのパノラマの素晴らしさには脱帽だ。富士・箱根と相模湾が、国際村の近代的景観と見事にマッチ。

車道を回り込み、豪快な階段から一気に子安の里に下る。かつての静かな里が、国際村から中央を貫く連絡車道で東西に分断されてしまったのは残念だが、道路の西側よりも東側エリアを探訪した方がいい。山際を回るように里の車道を歩く。長屋門、庚申塚などを絡め里風景を見ながらのんびり下っていく。先刻の国際村とはなんとも真逆の風情である。やがて小川沿いの関渡川遊歩道へ。上部はドブ川みたいだが、下部は如何にも蛍の舞いそうな水際の道が心地いい。一旦メーン車道に出た後、本流沿いの階段を下ると今度は関根川遊歩道。谷筋の広やかさ・大きさは三浦半島随一かもしれない。末端で親水施設になり旧道に上がる。めまぐるしく変貌した下りルートの果ては海に出てみる。海沿いの車道を渡れば久留和海岸、漁港も浜もある。北隣の葉山の諸海岸や南隣の立石海岸に比べると平凡だが穏やかな風情。激しい変化に些かくたびれた心には却って心地いい。【5月上旬歩く】

※地図・交通・参考タイムは99ページを参照

子安の里の庚申塚

関根川下流の遊歩道

みゅうの道草トーク
「めぐりの森」

面積は110ヘクタール、樹林伐採はもちろん、地形まで徹底的に変えちゃったの。開発中止に伴って、2010年から官民一体となって植樹を中心に森の再生が進められているわね。まだまだ緒に就いたばかり、良好な森になるには相当に長い期間が必要みたい。あらためて開発の無定見さが残念だわ。でも開発の結果、独特の景観が生まれたんじゃないかしら。全体に緩やかで広く、すっきり。三浦一般のこまごました風景とは一線を画しているの。地形の細かい凹凸を均してしまったので、この広がりが生まれたともいえるわね。この状況を生かさない手はないんじゃない? 広がりが感じられるままに、上手く森を再生していけば、他の三浦エリアにはない個性的な環境が創造できると思うんだけどねえ。

体験農業の場などソフト面の活動も盛んだ

大楠山下り②
前田川源流部へ往復して

大楠山に至る諸道の中でも、もっともワイルドなルートだ。深い森と清冽な源流をたどって、樹からフィトンチッドを、水からマイナスイオンを存分に取り込んでみたい。

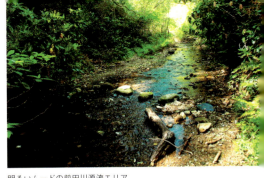
明るいムードの前田川源流エリア

レベル	上級
歩行タイム	2時間35分
季節	12月〜3月

 川沿いのエリアは短く飛び石もあるが、基本的に未整備ルートなので、しっかりした足回りで歩きたい。なお、紹介した部分以外の川沿いも歩けそうに思えるが、水深もヤブも深くなるので相当な覚悟が必要となる。

 歴史 ★
 自然 ★★★
 観光 ★

前田川支流の滝。水量は少ないが糸を引くように見事で落差も十分だ

　大楠平は花見の名所、河津桜・菜の花・大島桜。存分に堪能したら、花の丘を北側に下ってみると、西へ伸びる細い道が見つかる。大楠山周辺特有のジャングルの様な森の中に、しっかりした踏み跡が続く。もちろん生活路ではないから、篤志な山愛好家がメンテしてくれているのだろうか。

　左手に小さな滝（➡注目スポット）を見て前田川に合流する。以前はそのまま川を横断するルートがあったが、現在は川沿いに土嚢や飛び石があって、きちんと手入れされている様子がうかがえるのは嬉しい限りだ。川のムードもいい。森戸源流辺りとは一味違い、明るく開けて垢抜けた感じ。ニリンソウの咲く小道を抜けると、川が屈曲する所で広場になっている。ここから川を離れる道があるが、その先の農道が立入禁止となっている。また、そのまま川筋を下ろうとすると道がなく、ジャバジャバと膝まで浸かるような川歩きとなる上、下流の遊歩道はがけ崩れのため閉鎖されている（⇒99ページ注）。いずれにせよ、この広場から引き返す他はないのだが、大楠山からの往復の労に見合うだけの、足を延ばす

横須賀エリア
Yokosuka

価値のあるエリアといえよう。

　大楠平に戻り、メーンのハイクコースを下り、再び前田川と出合う。上流部とはガラリと雰囲気が変わり、函状となった両岸の間を流れる渓谷沿いに、整備された歩道が続く。この歩道が飛び石あり、淵沿いの木道ありで、なかなかワイルド。存分に水との交歓が楽しめる。最後は国道を経て海岸まで出てみたい。名勝：立石までは僅か。淡水巡りの後で味わう海水の感触は乙なものだろう。【4月下旬歩く】

大楠山下り① 湘南国際村から子安の里（96ページ）

交通アプローチ
帰り：久留和海岸（逗子駅行きバス25分、1時間に5本）逗子駅または逗子・葉山駅

参考タイム
大楠山（45分）湘南国際村夕陽の丘（25分）子安の里（30分）久留和海岸

● 注目スポット【前田川支流の滝】

　山道から前田川に出るポイントに、山側から高さ5mほどの滝が落ちている。水量は少ないが、左右に広がりがあり数段に渡り落ちるので、小さいながら一丁前の滝の風格を持つ。三浦エリアでは葉山の上山口の不動の滝（➡64ページ）が、唯一の滝らしい滝とされているが、ここにもいい滝がある。ともあれこの滝を見る人は稀。名前もないままひっそり佇んでいるのが相応しい。

注：2021年現在、前田川遊歩道の上半分、大楠山からの正規道との合流点より上流部が通行止めになっており、その部分は車道をたどることになる。数年前のがけ崩れに伴うもので、管理している横須賀市によると、抜本的改修が必要なため、当分の間は通行できないとのこと。良好なコースなので、早めの全通が待たれる。☎ 横須賀市河川課 ☎ 046-822-8510

大楠山下り② 前田川源流部へ往復して

交通アプローチ
帰り：立石（逗子駅行きバス25分、1時間に5本）逗子駅または逗子・葉山駅

参考タイム
大楠平（25分）滝のあるポイント（10分）折り返し地点（40分）大楠平（70分）前田橋バス停（10分）立石

99

22
北武断層を追って
大楠山山頂から野比海岸への直線ルート

レベル	上級
歩行タイム	5時間20分
季節	12月〜3月

三浦半島を東西に貫く5本の活断層の内の1本が北武断層である。全国の断層の中でも活動切迫度が最も高いことで知られるありがたくない存在だ。断層は地形上に明瞭な痕跡を残す。断層を追う旅。通常のハイキングではありえない目的で臨む、山から海へのコースである。

歴史
★

自然
★★

観光
★

断層の終点である野比海岸は、1月にはスイセンで彩られる

北武断層が海に没する千駄ヶ崎付近。以前は砂浜が広がっていたが数年前の高潮で一変。三浦の地質変動の激しさを物語る

横須賀エリア
Yokosuka

石柵は続くーよ、どーこまでも♪　柵の右下方は公園墓地、左下方に北武断層

　大楠山へはどこから登ってもよいのだが、今日は長丁場なので、最短で労力も少ない湘南国際村からのルートを採用する。山頂からはお約束通りの大パノラマ、その中から北武断層を見つけたいところだが、南側に見える山並みのどこかに通っているはず、ということで妥協しておく。山頂からは南葉山霊園への道を取ることになる。沢山の池に下るルートは、送電鉄塔巡視路を利用させて頂く。脇道にそれ、51番鉄塔が出てくれば正解。そのまま急斜面を下るが、これこそが北武断層との最初の遭遇である。以後はできるだけ断層を意識しながら歩くようにする。

　沢山の池は、かつては巨大であったが年々縮小、今ではボランティアが里山保全に活躍中で、手作りのアスレチック設備が楽しい。里風景の残る車道へ出る。左手の山が断層崖に当たる。幼稚園の角から左折して断層帯を横切り、ホタルの里になっている親水広場エリアから階段を上る。山中に入った風情だが中央の道路から北側の山林一帯は「ワイハート計画」によって、とてつもなく大規模な開発が秒読み段階。芽吹きの美しい森の行く末が心配ではある。

　山中に忽然と現れる、ちょっと瀟洒な住宅街が山科台だ。宅地の外れの高みに給水塔があり、ここから知る人ぞ知るワイルドなハイクコースが延びている。ルートは尾根沿い、右側の谷底が断層に当たる。この尾根道は極めて異色だ。コンクリート製の柵が尾根の一番の高みに延々と続くのである。断層崖と反対側の谷戸底は市営公園墓地なのだが、これも軍事施設の跡地利用。柵に沿って「陸」と読める標石が延々と立っているから、陸軍関連の施設があったのかも。ルートそのものは、柵の右へ左へとめまぐるしく変化。柵を離れ鉄塔の下に出る。彼方に見えるツインのタワービルは横須賀中央だ。眼下の郊外団地の大きさに驚くが、人口減が深刻な横須賀で、ここもまた空家が増えつつあるのだろうか。

　山を離れればＹＲＰ野比、研究機関等を集中的に企業誘致したエリアだ。近代的ビル群が目を引くが、まさにここは断層の真上。砂上の楼閣ではなかろうが、いつまで経っても建物の建たない空き地が目立つ。中央部の山際に整備された光の丘水辺公園に寄り道。奥へ入るほどに里山的な好ましいムードが漂う。バス通りから一段下ると、かつてはＹＲＰ全域がそうであったろう、斜面に広がる里山風景となる。

　広い車道を渡り坂道を上って最宝寺に出る。前方が開け正面に見える崖地形が断層崖そのもの。京急の線路を渡り国道沿いに歩く。野比温泉を右に見て、峠上の「尻コスリ坂の碑」の脇から分岐する山道に入る。登る途上に畑を見て深い森に突入。強直で奇態な枝ぶりを楽しみつつ東へと進む。道端には標石「海軍用地」が林立。先の山中では陸軍、今度は海軍、仲の悪かった御両所が一生懸命に自己の縄張りを主張しているかのようで、思わずほくそ笑んでしまう。

いくつかの山道を街歩きでつなぐもので、山での地図読み力と街中での土地勘の双方を要求される。ただ、それぞれの山エリアはさほど深くはないので、多少迷ってもどこかしらには降りられる。

深い森の外から子供たちの嬌声が聞こえて来れば、くりはま花の国の外縁まで来た証になる。やがてその境界柵に出くわすが、柵の背丈は低いものの、ここから園内への立ち入りは禁止されている。この先は道が判然としなくなるので、獣道を探りヤブを漕ぎながら、野比の海岸目指して下ってゆくしかない。草の勢いの強い季節は無理だろう。やがて樹間に青い海を感じるようになればゴールは近い。棚田の脇に出て車道を歩けば千駄ヶ崎で、遂に海に到達。北武断層はそのまま海に没して、地上から姿を消す。ここが一応の終点だ（➡100ページ写真）。バス便が少ないので、久里浜港までもうひと歩き、「海辺の湯」（➡154ページ）での入浴と海鮮グルメで長丁場の疲れを癒す。『断層よ、大人しくしていてくれ』と念じつつ。【4月上旬歩く】

※くりはま花の国外縁の山間部は、重要インフラである送電鉄塔の集中地であるため、将来的には保安のため全体の立ち入りが禁止されるかもしれない。

注目スポット❶【椿のプロムナード】

横須賀リサーチパークの手前の平道に、多数の椿が植えられていて、花のプロムナードになっている。なにしろ鮮やかで華やか。数種あるが、特に真っ赤で一見バラとしか思えないような種が見事。お堅い断層ハイクの中では、唯一華やいだ舞台を演出してくれる。見ごろは3月から4月。

バラの花の様な、ゴージャスな椿が立ち並ぶ

注目スポット❷【ゴジラの滑り台】

くりはま花の国の最上部に、リアルな巨大ゴジラの滑り台があり、これだけでも一見の価値がある。このゴジラ、どこから撮影しても送電線が入り込む。原発事故以降に役目の増えたであろう横須賀火力発電所からの電気を東京方面に送るためのもの。怪獣ゴジラと送電線のコラボは、人間の力ではコントロールしきれないインフラを象徴しているかのようでもある。

多くの人の厚志で完成したゴジラ

みゅうの道草トーク「鉄塔山地」（仮称）

コースのラストの海際に小さくまとまった山地があるわ。面積は150ヘクタールくらいかな。ここの森はとっても素敵なの。マテバシイやオオシマザクラなど2次自然林の中に、スダジイの原生林も混じっているわ。一部だけでも原生林があるのはすごく貴重。武山山地よりも多いくらい。一方でハイキングの対象としては無名で、人に遭うことは稀ね。でも、山の中は道だらけ。これは送電鉄塔の巡視路なの。山地のすぐ東隣に久里浜の火力発電所があって、各方面への送電起点だから鉄塔の密度が高いわけね。森の一角には、特に私のお気に入りの場所が！　ゆったりしたスロープにすらりとしたお揃いの木立、まるで木々がアーティストになってシンフォニーを奏でているみたい。えっ、どこかって？
一人ひとりの感性が違うから、自分だけのイチオシを見つけ出してみてね

スダジイなどがリズミカルに立ち並ぶ明るい森

北武断層を追って

◆ **サブコース**
ＹＲＰ野比をう回する遊歩道が裏山に付いている。静かな森の道で、ラストに史跡のかろうと山古墳がある。

◆ **短縮コース**
ラストの鉄塔山地を省いて、泉質極上の野比温泉で打ち上げとするのも一興だ（➡ 154 ページ）。

交通アプローチ
行き：汐入駅、逗子駅または逗子・葉山駅（湘南国際村センター前行きバス 20 分、1 時間に 1 本）湘南国際村センター前
帰り：東京湾フェリーターミナル（久里浜駅行きバス 5 分、1 時間に 1 本）京急久里浜駅 ※駅まで歩いても 30 分

参考タイム
湘南国際村（50 分）大楠山（50 分）沢山の池（40 分）
山科台（60 分）光の丘水辺公園（35 分）野比温泉（30 分）
くりはま花の国（30 分）千駄ヶ崎（25 分）久里浜港

ＹＲＰ野比の中心部、近代的ビル群と今なお残る山風景。この辺りが断層の真上という

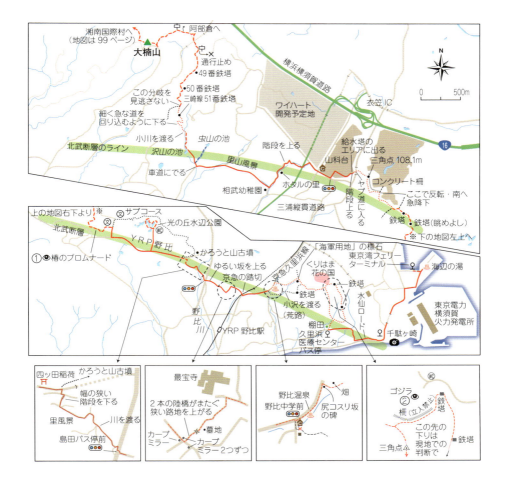

23
観音崎界隈の史跡と海
明治以来の要塞遺跡と森・海を巡る

レベル	初級
歩行タイム	1時間55分
季節	ほぼ通年

東京湾の入口に当たる観音崎には、明治期以降に要塞施設が建造され、今ではそれらが軍事史跡として残されている。ちょっとキナ臭いテーマだが、自然に還りつつある史跡は見事で芸術の香りすらする。戦争の面影をたどってこそ、平和な未来が思い描けるのではないだろうか。

歴史 ★★★　 自然 ★★　 観光 ★★★

観音崎灯台入口の切通し、池子層の地層模様が鮮やか

一見、沖縄の海？ と錯覚させられるようなたたら浜。砂成分に貝殻が多いためか、コーラルビーチの様な景観を見せてくれる

横須賀エリア
Yokosuka

バスを降り目の前の展望デッキに進むと、いきなり東京湾の大パノラマ。東京湾側で、富士山を海越しに見られる貴重なスポットだ。そして水平線上に居並ぶ大東京と横浜。思えば本日の主目的である要塞遺跡は、東京湾に侵入して帝都を攻撃する敵艦を想定した、防衛のためのものなのだ。

まずは車道を登る。右に左に老人関連施設。「昔要塞、今介護」これが抗いようのない時代の流れか。やがて右手には防衛大学校（地元では『防大』と呼ぶ）の裏門、要塞は役目を終えても、ここでは国防の未来が息づいている。車道の終点で防大の金網に突き当たるが、左方向に細い山道が伸びている。鬱蒼とした照葉樹の森を抜けると明るく開け、防大エリアから自然公園への異界トンネルを抜けたかのよう。

しばらく歩くとカーブした煉瓦舗道に乗る。遊歩道にしては贅沢すぎるくらい広く緩やかなのは、要塞用運搬道路の後利用だから。かつては公園全体が鬱蒼としていたが、今はあちらこちらで明るい。積極的に樹を伐採して公園化した成果で、賛否はあるだろう。垂直に掘りこまれた深い軍道上に架かる「眼鏡橋」を渡り、次いで白い幾何学模様が眩しい戦没船員の碑を経て、たたら浜へ下る。古来のタタラ製鉄に由来するというが、ここの浜の白さは特筆モノだ。傍らに自然博物館があるが、今日はスルーして海側の泥岩でできた磯を回って観音崎へ向かう。傾斜のあるトンネルは素掘りで地層むき出しなのがいい。抜けると真っ青な海が広がり、脇へそれて灯台に上がる。入場料は200円也だが、灯台の上からは270度の東京湾大パノラマ、ニッポン随一の船の多さで飽きさせないから安

砲台下の見事なアーチ。各種煉瓦の描く繊細な構成美に注目

いもの。資料館も一見の価値ありだ。

狭い切通しを抜け、海上交通センターへ。この後は次ページの地図の通りにめまぐるしく公園内を巡る。ハイライトは三軒家園地の砲台跡だ。大砲を据え付けていた円形陣地が連続して並ぶ。その下部には弾薬庫であろうか煉瓦アーチの形と色が美しく、機能美を超越した芸術性を醸し出す。遊歩道を挟んで兵員の生活施設の路が穿たれているが、そこに戦後から伸びた樹の根が、これまた前衛アート風で強烈な印象のデザインを描く。

僅かに下れば横須賀美術館だ。かつて桜の綺麗であった立体的園地を真っさらにして造営したもの。後は観音崎京急ホテルの海岸側に設けられたボードウォークをそぞろ歩く。1周したらホテルのSPASSO（➡154ページ）で海を眺めつつ一浴して、レストランのランチバイキングなど如何だろう？ 戦争遺跡めぐりの締め括りである。少々贅沢した方が、平和のありがたさをかみしめる上では、却っていいと思うのである。【4月下旬歩く】

舗装された歩道が大半なので、登山靴より運動靴の方がよい。マムシに注意さえすれば季節を問わないところも良い。夏でも湘南の様な混雑はない。

◉ 注目スポット❶【池子層の露頭】

　池子層は白っぽい泥岩と黒色系の凝灰岩が縞模様を成している。観音崎エリアでは北半分が池子層に当たり、典型的な露頭が見られる一方、少し南側のたたら浜では泥岩一色で逗子層に該当する。地図上でチェックを。（➡ 140ページ）

縞模様の池子層の露頭が、最も明確に現れている切通し

◉ 注目スポット❷【灯台の残骸】

　写真①は現在の観音崎灯台を下から見上げたもの。写真②は灯台の崖下に当たる海岸に転がっているコンクリート片だが、①と形状が似通っていることがお分かりだろうか。観音崎の初代灯台が役目を終え2代目が出来たところで関東大震災。大きく破損したので立て替えた方が早いと、残骸を海へ突き落したようだ。その名残りこそ②の物体なのである。

◉ 注目スポット❸【馬堀自然教育園】

　湯楽の郷から徒歩10分ほどの所に、横須賀市立博物館の分園である馬堀自然教育園がある。面積僅か3.8ヘクタール、戦前の陸軍重砲兵学校跡だ。水系と森が一カ所に凝縮されたような濃密な自然が残されており、アップダウンで1周する散策路が楽しい。一周20分ほど。原生林に同化するように佇む建物や壁類は、弾薬庫時代の遺跡でもある。
　それにしても三浦エリアで手付かずの自然となると、軍の跡地が多いのは皮肉な話だ。
◆開園時間：4～9月 9:00～17:00、10～3月 9:00～16:30、月曜・年末年始休み

園内の遊歩道沿いにある巨大なコンクリート壁。弾薬庫の誤爆を想定した防御壁の名残だ

みゅうの道草トーク
「マムシに注意」

三浦半島では「マムシに注意」の看板をよく見かけるわね。やっぱり他の山域より生息密度が高いみたい。これは地元の古老に聞いた話なんだけど、戦前に軍が防諜のために積極的にマムシを放したんですって。スパイ防止よりも、一般人の立ち入り禁止に実効性を期待したのね。手段を選ばず、市民をも敵視したのが、旧日本軍の体質だったのかしら。しかも現代には負の遺産になっちゃったわけね。マムシは本来臆病なんだけど、出会い頭で咬まれることが多いらしいわ。活動期である4月から10月くらいは、うかつにヤブを刺激しない方が賢明ね。もちろん噛まれたら即病院へ行かないと。

三浦のあちこちでこんな看板をよく見かける

観音崎界隈の史跡と海

◆延長コース【初級】

ボードウォークを終えたら、そのまま車道を横須賀方面へ歩いて行く。日本武尊に所縁のある走水神社を経て、坂を上ると不意に眼下に東京湾が広がり感動。出発点であった展望デッキがあり、夕暮れ時ならトワイライトの横須賀や横浜の背後に、シルエットになって浮かぶ富士や丹沢が素晴らしい。そこから海岸沿いの漁師町へ下る道もあるが、車道脇の歩道をそのまま歩いてもいい。煉瓦造りの水源施設があり、美味しいと評判のヴェルニーの水も汲める。三浦の地層の境界にある砂礫層（横須賀層）から豊富な湧水があり、これが「走水（はしりみず）」の語源になっている。その先のトンネルは、明治初期にこの水を横須賀造船所まで引いたことがルーツ。もう一つのトンネルの手前で海側への小階段を上がれば、打ち上げに好適な「湯楽の里」(➡ 154 ページ)はすぐ近くだ。観音崎京急ホテル（10分）走水神社（25分）湯楽の里（15分）馬堀海岸駅

◆サブコース＆短縮コース

観音崎公園エリアは道が四通八達しているので、好みに応じて適宜マイプランを組むと良いだろう。バスで終点の観音崎まで行き、時計回りに横須賀美術館を目指せば、正味1時間ほどの気楽に歩ける行程となる。

交通アプローチ
行き：馬堀海岸駅、横須賀中央駅、
　　　JR横須賀駅（観音崎行きバス10分、20分、25分、
　　　1時間に3〜4本）走水小
帰り：観音崎京急ホテル・横須賀美術館前
　　　（横須賀駅行きバス20〜25分、
　　　1時間に3〜4本）
　　　馬堀海岸駅、横須賀中央駅、JR横須賀駅

参考タイム
走水小バス停（20分）森のロッジ（30分）
たたら浜（20分）観音崎灯台（15分）
観音崎バス停（20分）観音崎京急ホテル（ボード1周10分）

展望デッキから見る夕暮れの東京湾、背後の山は葉山アルプス方面

107

24 久里浜から浦賀へ
歴史探訪の2大拠点を山道でつなぐ

レベル	中級
歩行タイム	3時間
季節	11月から4月

歴史 ★★★　自然 ★　観光 ★★

浦賀と久里浜。古都鎌倉とは別格で三浦エリアの歴史を作り上げてきた2大拠点である。通常はタウンウオークで結ぶが、周囲にはわずかながら歴史時代の面影を残す山林が残っている。史跡エリアを山歩きでつなぐことで、歴史を育んだ背景までを感じてみたい。

久里浜のペリー上陸記念碑

燈明崎と千代ヶ崎の間にはワイルドな砂浜が広がる。ハマダイコンの花を前景に、林の中に再建された燈明堂が目を引く

横須賀エリア
Yokosuka

旧浦賀道の御林エリアを登って行く。黒船来航を告げる早馬もここを走ったのか

降り立った久里浜駅界隈は、かつては海の真っただ中。まずはその事実を理解しておけば、本日の歴史探訪は実り多くなる。川沿いの国道から山側にそれ、坂道を上り始めた所で、ようやく江戸期以前から陸地であったエリアに至る。左手の小高い丘上が、世にも珍しい二重遺跡だ（➡道草トーク）。まずは遥か縄文：吉井貝塚を意識し、次いで源平期までスリップして怒田（ぬた）城址。二層から成り、高い方の台上からは久里浜の街並みが一望だが、江戸中期までは一面の海であったことを想うと感慨深い。

高台を下り山際を歩く。住宅地だが里風景も混じる。突き当たりにある法善寺の墓地の階段を登って行くとそのまま山道になる。ここからしばらく吉井の山林エリアだ。照葉樹中心の２次林だが、大木が多く深い森林の印象がある。鉄塔近くで一瞬森を出るが、そこで反転して再び森に入る。竹林も混じり、かつては浦賀・久里浜一帯すべてが、かような里森だったのだろう。車道に出ると、正面がマリア観音のある真福寺だ。

ここからが浦賀道。舗装された登り坂だが、馬や荷車の通行できた幅などは江戸時代そのまま。アーケードの様に覆い被さる照葉樹が延々と連なる。江戸期には伐採を留められた御料林であった名残りで、御林（おはやし）という。そのまま峠を越え浦賀道を下る。緩やかな屈曲は古道の名残だ。浦賀湾に出たら、一足延ばして燈明崎まで往復したい。しばらくは車道歩きを辛抱。左手はかつての造船所跡で、例によってリゾート開発の予定地になってはいるが……。

江戸期の和式灯台であった燈明堂のある燈明崎は観光スポットでもあるが、さほど俗化しておらず、素朴なムードがいい。なにより眼前に広がる磯と浜の意外な豪快さにはちょっと驚く。さらにビーチを歩いて千代ヶ崎まで行くと岬突端のムードが極まり、海の穴場にでも来たかのような気分に浸れる。ではさらに久里浜方面まで抜けようか、というところで巨大なコンクリート壁と金網に阻まれ「立入禁止」と大書されている。この先は横須賀刑務所、やむをえず（?）撤退して燈明崎へと戻る。

そのまま浦賀湾に沿って車道を歩く。江戸期の奉行所跡や、終戦直後に海外からの引揚者が多数上陸した陸軍桟橋など、久里浜側より史跡の密度は濃い。そしてお楽しみが浦賀湾名物「浦賀の渡し」である。僅かな時間で対岸の東浦賀に渡り東叶（かのう）神社へ。神社の縁起も古いが、真のお目当てはその裏山。250段を超える長大な階段が鬱蒼とした椿林の中に続く。登りきれば観光名所としての勝海舟断食跡があるが、我々の目的は原生林（⇒注目スポット②）と東京湾のパノラマ。対岸に先刻訪ねた燈明堂が見えるのは嬉しい。

最後は浦賀駅まで車道を歩く、もう見所などなかろうと思いきや、駅近くで崖下に

特に浦賀エリアは、歴史史跡や寺社仏閣がきめ細かく散在している。そちら専門のガイドブック等があれば、より実り多い山＆街ウオークになるだろう。全体にタウンウオーク中心だが、山間部は地図読みと勘が必要。

109

見落としそうな遺跡あり。崖に穿たれた煉瓦のトンネルで、明治時代に山奥から水を引いたのだそうだ。こんなさりげない所に史跡が残されているのが浦賀という街の懐の深さなのだろう。そういえば、水を引いた先である造船所も幕末以来の役目を終え、跡地利用があれこれ取りざたされている。この地の歴史はまだまだ進行形なのである。
【4月下旬歩く】

◆サブコース【上級】

山歩きに変化を求めたい人向け。浦賀道の最高地点に当たる所に自然保護の看板があり、その脇から照葉樹の深い森に突入、それも僅かで光風台宅地に出る。公園脇を辿りつつ階段を下って、幹線道路の横断歩道を渡り、今度は反対側・久里浜台宅地の坂を上がる。脇道に入ると、どん詰まりに階段があり再び森中へ。一帯は横須賀市指定緑地だ。登りきって林道に出るが、左右どちらに進んでも私有地になって通行止め。ただしその直前にある巨大なソテツなど見所も。次ページ地図の通り歩けば深い樹林の下り山道となるが、きちんと掘りこまれていて、かつてはそれなりの生活道（あるいは軍事道？）であったことが偲ばれる。いきなり宅地に出て車道を歩き燈明崎へ。御林（20分）久里浜台入口（40分）燈明崎

◉ 注目スポット❶【浦賀の渡し】

遠く江戸時代にルーツがある、伝統ある渡船だ。海上ながら市道に認定されているので、今では横須賀市が委託して運営している。屋形船風の小型船一隻のみだが、対岸にいてもブザーを押せば迎えに来てくれる。12時から13時は昼休みなので注意。料金200円。

乗船時間は僅か3分、それが物足りないが

◉ 注目スポット❷【東叶神社の社叢林】

神社の社叢林であるため古来伐採されず、三浦エリアでは極めて珍しい原生林を成している（→148ページ）。太い枝を融通無下に、奇態なまでに伸ばす様は他では見られない。戦国期には浦賀城が築かれていた。

横須賀では極めて貴重な手つかずの原生林

Mr.マックの道草トーク「二重遺跡の妙」

吉井貝塚と怒田城址、ここは世にも珍しい二重遺跡だよ。遺跡はそれこそ無数にあるけれど、大概は一つの遺跡は一つの事象で語られている。ところが、ここ京急線路脇の高台は、縄文時代と源平時代の2回分の史跡価値があるという点でユニークなんだ。もちろん怒田城への籠城を主張した和田義盛は、ここが縄文人の居住地だったなんて知る由もなかったろう。キーワードはずばり海。海に向かって突き出している地の利の良さが、2度に渡って史跡たる価値を生み出したんだ。ただ、史跡説明の看板は設置がバラバラ。初めて来た人は戸惑うかもしれないけれど、却って二重という希少性を物語っているようでもあるね。

怒田城の曲輪跡は平坦な広場になっている

久里浜から浦賀へ

◆ 短縮コース【初級】
御林の前で吉井の森を省くのなら、法善寺まで行かず、道なりにカーブすればすぐに真福寺前となる。

◆ 逆＋延長コース
浦賀発で逆コースを取った場合、久里浜駅から平作川沿いに海辺のペリー公園を目指す。ペリー上陸記念碑とペリー記念館は一見の価値あり。ここまで来たらさらに久里浜港の東京湾フェリーのターミナルまで足を伸ばし、「海辺の湯（➡ 154 ページ）」で湯に浸かり海鮮グルメするといい。🚶 久里浜駅（20 分）ペリー公園（15 分）海辺の湯

交通アプローチ
行き：京急久里浜駅またはＪＲ久里浜駅
帰り：浦賀駅

参考タイム
久里浜駅（15 分）怒田城址（35 分）御林（25 分）
西叶神社（25 分）燈明崎（5 分）
千代ヶ崎（30 分）西叶神社（渡船 3 分含め 10 分）
東叶神社（25 分）浦賀駅

浦賀駅近く、給水隧道の遺跡

25 三浦富士から武山へ
雪の縦走路、ミニアルプスの三山駆け

レベル	初級
歩行タイム	2時間40分
季節	10月～5月

歴史 ★★　自然 ★★　観光 ★★

武山三山は歩きやすい歩道が整備されているが、登りと下山後のルートについて、行政サイドの案内や他のガイド本等とは別のルートを紹介する。上りでは濃密な森が、下山後は広やかな畑地歩きが楽しめる。ここでは、たまたま雪山での紀行としたが、もちろん雪のない時期にこそ大いに歩いて欲しい。「駅to駅」の安心コースである。

武山から下りたポイントで、美人のお地蔵様

雪の残るキャベツ畑。背後には左に砲台山、中央右に富士山（三浦富士）

横須賀エリア
Yokosuka

雪を踏みしめつつ、三山の稜線上を歩く

昨日来の、三浦エリアでは数年ぶりのまとまった積雪、これを見逃す手はない。お手軽に雪山を楽しめるのではないか。雪による危険の極力少なくて済む所となれば、武山三山コースだ。山道も無難で雪山満足度も高い。そこで早速、動き始めた京急の一番電車に乗って長沢駅へ。

駅前の住宅地：グリーンハイツからのルートは、正規のハイキングコースではないので標識等も控えめだが道はしっかりしている。積雪は30cmほど、暖地の雪とあって既にかなりベショベショしているが、雪を踏みしめる感触がなんともよい。まずはマテバシイの密林。足元からは巨幹が幾本も放射状に伸びあがり、頭上を見上げれば、細密な照葉樹の枝葉がきっちりシェアしあいながら天上を埋め尽くす。足元の積雪ゆえか、森景色がいつにも増してくっきりと目に映る。

雪上の急登をこなせば三浦富士に着く。初めての展望だ。雪景色の向こうに東京湾が青く、本家富士山もちらりと見えるのは嬉しい。江戸時代からの信仰登山の山で、山頂は達成感に満ちた自慢げな登頂碑の数々。さすがこんな日にハイカーはいないが、犬の散歩者が登ってくる熱心さには脱帽。

登山道が終わると、北側からの車道に合流する。旧軍の物資運搬路で、今でも車が入れるが一般車は通行止だから、車道ならではの遊歩感覚で歩けるのがここの良さだ。覆い被さるような広葉樹・照葉樹に恵まれ、海のパノラマの広がる展望台もあり、極上のハイキングルートといえる。広めの雪道の真ん中を、足跡を追いながら歩く感覚も快感だ。ただ気温が上がってきて、枝に厚く降り積もった雪がシャーベット状になって降ってくるのには閉口する。レインウェアを羽織り、フードを被らないとやっていられない。

三山の中央・砲台山へは寄り道になるが、そもそもここの旧軍道は砲台山への弾薬補給のための道なので、道なりに登って行けばよい。ほどなく山頂、巨大なコンクリート製の砲台跡の大きさは三浦随一、迫力に度肝を抜かれる。穴底に降り立つ。コンクリート斜面に一様に降り積もった雪に、富士山を描いてみる。おそらく2時間も経たずに跡形もなく消える運命、しかしその刹那にアートが宿るのだ。

軍道を外れると再び登山道に。次なる目玉はスダジイの巨樹（➡注目スポット）。ここから武山への登りをこなせば、山頂の休憩所兼展望台が待っている。登って360度の雪景色が見事。もちろん雪がなくても大パノラマを堪能できる。階下は広い休憩所、近くには武山の標高点があるが、ここで200m丁度。ところが武山不動のある高台はここよりも高く、かつての武山の標高が206mであったのは、お不動のある位置で計測されていたのかもしれ

武山不動尊の例祭日はかなり混雑する。武山のツツジが見事な4月下旬〜5月初めがおすすめ。

これほど存分に枝を広げればさぞ気持ち良かろう

● 注目スポット
【スダジイの巨樹】

スダジイは椎の仲間で、海岸沿いを除く低山エリアの原生種だ。分けてもここのスダジイは、正に山の主の貫録がある。存分に枝を広げ、その樹影面積は相当なもの。尾根上の登山道脇の、実に分かりやすい場所にあることも手伝ってハイカーに大人気。鶴岡八幡宮の大銀杏なきあと、鎌倉＆三浦エリアでは印象度No.1の樹かもしれない。

ない。普段は賑わう不動尊もさすがに今日は閑散。手水舎の水鉢も凍りつき、鐘を撞いて行動の無事を祈る。

　南へ下る登山道を取る。ここにも良好な森が残されていて、スリップに注意しながらも快適に下る。道路まで下りると艶やかなお地蔵さまが小さなお堂に鎮座。その先の分岐で、道標の指示コースを無視してあくまで畑歩きにこだわる。ここの畑は、宮田層の平らな台地上にあって高原チック。ごく緩やかで広大な斜面に描かれる作物の畝模様はとてもアートだ。背後に本家富士山が浮かんだり、東京湾越しに房総半島が横たわっていたり、そして何より印象深いのが今歩いてきた武山三山。雪混じりのキャベツ畑、橙色の実を付けたミカンの果樹林、その背後に横たわる三山、その三段模様。道路脇の庚申塚の一群も見逃せない。

　最後の急カーブを下れば津久井浜駅はすぐだが、そのまま海岸まで出てみよう。津久井浜海岸はウィンドサーフィンのメッカ、房総半島がぐんと近くなっている。
【2月中旬歩く】

 Mr.マックの道草トーク
「武山三山」

武山、砲台山（正式名称は大塚山）、三浦富士（地形図では『富士山』）の三山は、標高の似通った山が仲良く並んでミニ山地を形成しているね。よく○○アルプスという俗名があるけれど、ここの三山は山地としてのまとまりや下界からの独立性、個性ある山が連なっている点でも、アルプスに相応しい条件が一通り揃っているんだ。有名な鎌倉アルプスより、らしいと思うね。ある意味、ニッポン最小のアルプスといってもいいかも。ただこれも武山断層と北武断層に挟まれたエリアが隆起した結果の集積なんだ。大地震の度に高くなったわけで、これが三浦の定めなんだね。さてこのミニアルプス、特に決まった山地名は無いようだ。「武富アルプス」なんてどうだろう？

金田湾を挟んだ対岸から望む武山三山。独立した一丁前の山地の風格がある。

三浦富士から武山へ

◆ サブコース【初級】

下山後の公式（?）推奨コースは、谷戸へ下り、津久井浜観光農園に立ち寄るもの。たしかにシーズンならイチゴ狩りなどできるし、農産物その他のお土産物もある。ただ谷戸の車道は結構車が多く、見通しも利かない。観光農園にこだわりがなければ、メーンコースの方が、遥かに気分良く歩ける。

📷 谷戸への分岐（30分）津久井浜駅

交通アプローチ
行き：京急長沢駅
帰り：津久井浜駅

参考タイム
京急長沢駅（50分）三浦富士（25分）
砲台山（20分）武山（20分）谷戸への分岐（35分）
津久井浜駅（往復20分）津久井浜海岸

砲台跡の雪景色に霊峰富士（→160p）

うみべのえほんやツバメ号
看板通りの絵本書店だが、カフェ併設でハイク後のティータイムに好適。ランチあり。エリアの散策情報も豊富。
10:00～18:00営業、水木定休
TEL 046-884-8661

ネイチャー＆ヒストリートーク ⑤　　　　横須賀編

要塞地帯から自由エリアへ

昭和14年発行の地図の抜粋。右上の赤枠内に要塞地帯の注意事項が記されている。鷹取山、衣張山、二子山、畠山などの記載も見える

みゅう：このハイキングのパンフレット、お爺さんのお家で見つけたの。昭和22年発行で、タイトルが「秘密のベールを脱いだ三浦半島」になってるのよ。

Mr.マック：戦争前は稲村ヶ崎から北鎌倉、そこから今の金沢区あたりまでを結ぶラインの南側、つまり本書エリアの大半が要塞地帯に指定されていたんだ。エリア内の風景は、写真撮影はもちろんスケッチもできない。それどころか、指さしながらひそひそ話するだけでも、憲兵に捕まえてくれといっているようなものだったんだ。

みゅう：敗戦によって要塞地帯の呪縛が解けて、自由にハイキングができる様になったから、こんなパンフができたのね。

Mr.マック：要塞地帯の中心である横須賀市は、戦前の人口は現在より多かったほどで、それだけ海軍に依存してきたわけだよ。当然、別格の主要都市としてのプライドはあっただろうね。

みゅう：それが敗戦で、海軍が消えちゃった！

Mr.マック：軍事需要という柱を失った横須賀は、単なるベッドタウンに留まらない町の中核を作ろうと、かなり規模の大きい開発も手掛けるようになったわけだ。

みゅう：えーっと、湘南国際村、横須賀リサーチパークあたりかしら。でもどちらも未だに空き地が多いでしょ。あれって、成功っていえるの？　そもそも横須賀市は、年間の人口減数がニッポン一だったこともあるくらいだから。

Mr.マック：開発の一方で、中核都市のプライドのお陰か、博物館が充実しているのはありがたいね。

みゅう：深田台にある本館（➡ 87 ページ）と、馬堀海岸（➡ 106 ページ）と天神島（➡ 90 ページ）の分園ね。

Mr.マック：展示のみならず、観察会や座学系の講座が多く組まれているから、興味ある分野にどしどし参加するといいよ。

みゅう：ハイキングそのものにも、市が音頭を取っているみたいね。

Mr.マック：観光に力を入れるようになった一環だよ。京急とのコラボ、自治体間の連携などいろいろと模索しているようだね。

みゅう：でも先日、前田川の遊歩道を歩いていたら、上流側半分は通行止めになっていたわ（➡ 99 ページ）。あれって直さないの？

Mr.マック：崩壊がひどくて修繕費が半端ではないらしい。ハイキングルートと言っても結局は費用対効果次第だから、大勢の利用が見込まれないと多額の経費は出せないそうだよ。

みゅう：それなら前田川遊歩道の素晴らしさを多くの人に知ってもらわなくちゃ。

Mr.マック：道標も階段の整備も、予算が付くのは利用者の動向次第だからね。

みゅう：じゃあもっと歩きましょうよ。なんたって、今は自由に歩けるんだから。それも平和でオープンな国であってこそ。そんな社会や国家を育むのも私たちの務めよね。

冬晴れの黒崎の鼻
海岸線は岩礁だが丘の上はゆったりした広場になっている。岬の先端には、ブライダル撮影に来たカップルの姿が ➡123ページ

第 V 章

三崎

MISAKI

26 小松ヶ池から荒崎海岸へ
花・鳥・海そしてテーマパーク

レベル	初級
歩行タイム	2時間20分
季節	10月〜6月

歴史 　自然 ★ 　観光 ★★

本コースに山はないが、里から海への変化を楽しみつつ歩いていく。季節を選べば随所で花が見られ、また何種もの鳥を楽しめることでは三浦屈指かもしれない。ラストには豪快な荒崎海岸とテーマパーク「ソレイユの丘」というお楽しみも待っている。河津桜咲く2月中旬から3月上旬がベスト。

⚠ 潮位・高波 ▶ P121

小松ヶ池のカワセミ。池上に煌めく宝石だ

小松ヶ池と河津桜。有名になった昨今は混雑するので狙い目は早朝。といっても、9時頃までなら空いている

三崎エリア
Misaki

三浦海岸駅の改札口を出ると、満開の河津桜がピンク一色で出迎えてくれる。まこと華々しいプロローグではある。しばらくは車道沿いに歩くが、地元で一生懸命PRに務めているだけあって、案内板も警備の人員配置も申し分ない。線路沿いのプロムナードは、桜のピンクと菜の花のイエローが一直線に鮮やかに伸び、実に明るいムードで気分も乗ってくる。

案内通りに階段を下りて線路をくぐれば、小松ヶ池のエリアになる。池畔の河津桜は観光振興のために10数年前に植えられたものだが、ようやく枝ぶりが見事になってきた。水面に映る像とあいまって素敵な景観を見せる。またここはバードウォッチャーの聖地でもあり、池にはカルガモ等が戯れる他、目玉は何といってもカワセミ。小さいけれども、飛翔の素早さや鮮やかな瑠璃色から、素人でも鑑別が付くのは嬉しい。出口は公園の南西に求める。上がった車道から見る河津桜はこれまでの・線ではなく・面としてまとまる。ここでの主役鳥はメジロ、せわしなく花から花へ移動、しばし桜と鳥の共演を楽しむ。

カーブしつつ車道を下ると畑地帯に出る。かつては水田であったのだろうが、現在の三浦一帯では台地の上も下も畑ばかりだ。三浦市のスポーツ拠点である潮風アリーナの前で国道を渡り海側へ。左手の海沿いには、広大な空き地が永らく更地のまま広がっていて、完成予定が既に数年前になっている高層ホテルなどの看板が虚しく立つばかりである。

ようやく海とのご対面、まずは砂浜。三浦随一の美しさを誇る長浜海岸である。水の透明度が高いため、相模湾は青く、彼方

冬には珍しくベタ凪の長浜海岸。水の美しさが映える

に真っ白な富士山が浮かぶ。磯場もあり、黒崎の突き出た岬をバックに、岩の群れと海面とが相まって面白い文様を描き出す。岩の上で羽を休めているのはウミウだろうか。横一列にじっと佇んでいる様はどこか哲学的で摩訶不思議な感覚に捉われる。もちろん天空を舞うウミウたちもいて、小網代の営巣地（➡124ページ注目スポット①）から飛び立って来たのだろう。

ソレイユの丘への近道を分けると、ほどなく荒々しい磯風景となる。佃荒崎の奇勝である。磯と小浜が連続する、変化に富む海岸歩きがここの真骨頂だ。一旦、栗谷浜漁港に出てから峠を越える。下ればいよいよ本日のハイライト・荒崎海岸である。その名の通り荒々しい岩礁の連続で、2種の色違いの地層（三崎層）がバウムクーヘン状に積み重なり、激しく傾いて差別的に浸食され、勇壮極まる景観をなしている。ただ気になるのは崖地形に唐突に現れるコンクリート擁壁。その上方には立派な家があるので、基礎保護のためだろうが景勝の地である。今少しうまいデザインであれば、と思う。荒崎は自然公園として整備されていて見所が多いが、「どんどんびき」手

☞ 佃荒崎付近の海岸線は満潮時や波が高いと歩けない場合がある。事前に潮位表を調べた上で、なるべく天候の安定した時に出かけたいが、現場でダメと判断したら無理をしないで山側のルートを周りたい。

荒崎で。ここだけ見ると北アルプスの岩場のようだ

設「海と夕日の湯」（➡154ページ）は外せない。お花畑見物も本コースのお目当てであったはず。さらにハイカーとして見逃せないのが、数々のビューポイント。お勧めは星見の丘、ホタル館階上、そして観覧車。施設一円は元より、周辺の海がぐるりと見渡せ、今日1日を振り返るのに何より。おっと、鳥見ハイクなんだからと上空を見渡せば、舞うのはトンビとカラスばかり。そういえばこの公園も「トンビ注意」の看板が目につく。三浦の鳥の主役は、結局彼らということか。【2月下旬歩く】

前左の高みからの展望（➡13ページ）と、「潮風の丘」から海岸へ下る景観はお見逃しなきよう。

　荒崎公園を出て、ラストはソレイユの丘に上がる。南仏プロバンス風のエントランスを抜けると門前の豪華な菜の花畑がお出迎え。入場無料で、特にファミリー向きの何でもありのミニテーマパークだ。ぶらぶら散策するだけでもいいし、温浴施

◉ 注目スポット 【荒崎の洞門】

遊歩道が、そのまま自然の洞窟を抜けるポイントにあたり、撮影スポットに絶好。人を中に入れて、いろいろアングルを工夫してみるといい。それも入口側・出口側で趣が異なるので、たっぷりと時間をかけてみよう。

洞門は、岩の形状と相まって実にアート

みゅうの道草トーク 「ソレイユの丘」

元は海軍航空基地があったらしいの。いかにもヨコスカらしいわね。「ソレイユ」ってフランス語で「太陽」のこと。明るく日当たりのいいテーマパークにぴったりの名前ってわけかしら。横須賀市お得意のハコモノ行政の遺物なんて批判もあるけれど、なんとか観光名所にしようと、様々な工夫と施設改良を繰り返しているから、事前に調べてお気に入りのメニューを考えておくといいかもね。三崎口駅へのバス便は少ないんだけれど、バス時刻に合わせて時間を潰すのには困らないと思うわ。つい最近、観覧車やメリーゴーラウンドができて、当初のテーマとは随分ズレているんだけど「何でもあり」も悪くはないかしら？

ソレイユの丘ホタル館。登れば絶景が待つか？

小松ヶ池から荒崎海岸へ

荒崎の岩礁帯を歩く。潮が高いと、ジャンプするような場所もあるので要注意

■潮位について

山歩きでは話題にすらのぼらないのが潮位だが、海岸歩きでは安全のための重要なファクターとなってくる。潮位が低いほど歩ける範囲は広がり、多少波が高くても安全度は高い。遊歩道をうたっているルートでも、潮位と波の高さによっては歩行が危険な箇所は当たり前に存在する。実は三浦の海はかなり波が荒いことで知られている。気象庁の注意報・警報で、関東の他のエリアでは発令されていないのに、横須賀市・三浦市だけに波浪警報が出ていることがよくある。これはもちろん、相模湾沿いの西海岸と南岸を想定したものだろう。意外に侮れないのが、三浦の海であることを認識しておいてほしい。本書のコースで地図中に潮位注意箇所がある所は、事前に潮位を調べ、目標時間の潮位が高い場合は別コースを選択するなどして安全を期したい。

■潮位表の見方（ネット検索）

1. 「潮位表」で検索して気象庁のホームページにアクセス
2. 「関東地方・伊豆諸島」を選択してさらに「油壺」を選択。
3. 「表示期間」に該当日周辺の年月日を入力して、「毎時潮位表」をチェックして「クリック」
4. 出てきた一覧表から現地の滞在予定時刻のラインをたどって、「70cm」くらいを標準値の目安にして、潮位の高さを判断する。

交通アプローチ
行き：三浦海岸駅
帰り：ソレイユの丘（三崎口駅行きバス15分、1時間に1本）三崎口駅
または荒崎（三崎口駅行きバス30分、1時間に2～3本）三崎口駅

参考タイム
三浦海岸駅（30分）小松ヶ池（45分）長浜海岸（45分）荒崎（20分）ソレイユの丘

27
小網代の森から黒崎の鼻へ
5つの扉を開けて、源流・海岸・畑をつなぐ

レベル	中級
歩行タイム	2時間15分
季節	10月〜6月

 歴史 ★　 自然 ★★　 観光 ★★

小網代の森一帯は、関東では唯一、ひとつの川の流域で源流から海まで丸ごと自然が残されたエリアで、今やどのガイド本にも登場し観光の目玉でもある（➡134ページ）。一方、お隣には賑わいから見放されたような穴場エリア：黒崎の鼻が存在する。扉を開けた様に次々と変化するルートで、メジャーとマイナーの2大拠点を結ぶ。

⚠ 潮位・高波 ▶ P121

ハマボッス（浜払子）の花。黒崎の鼻で

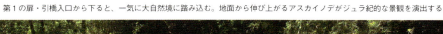
第1の扉・引橋入口から下ると、一気に大自然境に踏み込む。地面から伸び上がるアスカイノデがジュラ紀的な景観を演出する

三崎エリア
Misaki

　三崎口駅から引橋までバス便もあるが敢えて歩く。車の多い車道歩きだがこれが重要な伏線になる。車道を外れ坂を下り、整備された階段を谷戸へ下っていけば【第1の扉】が開く。大きなシダ（アスカイノデ）と深い森の支配する世界、ジュラ紀にタイムスリップしたかのよう。数分前まで街中を車が行き交っていたこととの落差が、奇跡的にすら思えてくる。枝谷戸から何本かの源流を合わせ、木道が気持ちよく屈曲してゆく。やがて深い森から明るい疎林、次いで尾瀬を彷彿とさせる一面のアシの湿原、ついには干潟へと至る。源流から河口まで早送りのような時間での遷移、心ゆたかなウオーキングのひとときであった。

　干潟の外れから再び森に入り、急登を終えると畑が広がる。狭い農道のカーブに沿って歩くと正面が【第2の扉】である。眼下に広がる広大な農地。整然と区画整理された畑はパッチワークの様だ。背後に森が連なり、さらに後ろには青い相模湾、そして富士・箱根・丹沢の山々の連なり。他では眺められないパターンの景観が、実に決まっている。

　ガードレールの切れ間に細い踏み跡があり、そのまま広大な農地に踏み入ると意外にも傾斜していることがわかる。元の地形の反映だろう。作物が整然と並ぶ畑は絵的だが、収穫前作物が多い冬場の方が見た目に勝る。そのまま漁師町の狭い路地をたどって【第3の扉】を開けよう。前方に広々とした伸びやかな浜が広がる。三浦エリアで有数の美しさを誇る三戸浜だ。緩やかなアーチを描く浜辺歩きの爽快なこと！

　寄せる波と戯れながら、前方に見える岬の先端を目指す（潮位の確認を➡121ページ）。やがて岩がちになると海岸風景の、影の実力者ともいうべき黒崎の鼻に着く。浜と磯が適度にミックスされ、周囲に柵や照明などの人工物が見当たらないことから、NHK大河ドラマでも何度かロケ地に選ばれている。シーズンでも人は多くない。

　先端の丘に上がる。ここで【第4の扉】がオープンする。一気に北面の視界が開け270度にわたり青海原のパノラマが広がる。これだけ度数の大きい海の広がりも珍しい。また岩で縁取られた海岸線と違い、一歩上がっただけで芝のような草原が一面に広がっている。日差しの気持ちよい日なら、だれしも寝ころんでみたくなるに違いない。いっそ「昼寝ヶ丘」とでも命名しては如何だろう（➡117ページ写真）。

　岬の先端に背を向けると、稜線の高みそのままに笹を刈り払った細い道が延びる。登るに従い笹丈は高くなり暗くなる。平坦になるとぱっと前が開ける。本日ラストの【第5の扉】だ。整地された畑である点は先に通った所と一緒だが、雰囲気はかなり違う。こちらは台地の上、そしてすべて平坦、また整備された年代が古いためか、道も畝もしっくりとなじんでいる。背後には

第2の扉を開いて、眼下に広がる近年整備された大規模農地。三浦半島離れした光景

サブコースとの組み合わせで、小網代を軸に何度も訪れたい。初心者同士の場合は、小網代から油壺に抜けるだけにしておけば安心だ。澄んだ空気や畑の美を楽しむなら冬場がいいが、小網代の森は新緑の頃がベスト。

大楠山や武山三山など三浦の穏やかな山々が連なる。「まるで北海道じゃん！」誰かが叫ぶ。そう、ここはプチ十勝平野、背後の山は日高山脈に見立てては？　カメラで風景の一部を切り取って偽れば、北海道と信じる人は多いに違いない。列を成す電柱すら、ここではアートに見えてくる。振り返れば富士山がシルエット、畑とのコラボがまた見事なものだ。

「プチ北海道」を抜けると、三崎口駅までごく僅か。5つの扉で仕切られた変化に富む景観の連続、何とも贅沢な海岸ハイクであった。【5月上旬歩く】

◉ 注目スポット❶ 【冬の干潟風景】

小網代の干潟の背後には、シーボニアのマンション群が白亜ながらなかなか良いアクセントになっている。その右横に黒々した樹林の半島が見えるが、冬だとびっくりするくらい白くなっている。山一帯が冬の風物詩でもあるウミウの営巣地になっていて、白色の正体は実は鳥の糞なのである。そうと知らなければ雪景色の様だ。ウミウも春には北へと旅立つ。ほどなく新緑が吹き出すと、鮮やかな緑の山になり白さは痕跡すら残さない。なんとも鮮やかな天然の浄化作用である。

冬の干潟周辺、白い部分がウミウの糞

◉ 注目スポット❷ 【回天の格納庫】

黒崎での唯一の人工物が、山腹に残るコンクリート製のトンネル。注意して見ないとわからず、ヤブをこがないと入れないが、反対側に抜けている。戦時中の特攻兵器である人間魚雷「回天」の格納庫であったというが、真偽のほどは不明。本土決戦前に終戦となったため、実用にならなかったのがせめてもの幸いだ。

格納庫の内部。たどり着くのは難しい

第5の扉を開けて。日高山脈と十勝平野、に見えなくもない

 Mr. マックの道草トーク
「小網代の木道と絶景」

小網代の森には立派な木道が敷設されているね。幅もあり休憩所の規模も大きい。加えて敷設直後は色彩的にもかなり浮いた感じだったけれど、数年で色褪せてきて随分となじみ、いい感じで風景に溶け込むようになったよ。またゆったりスペースのお蔭で、オーバーユースも防げるし、木道の下は動物の往来が自由など、とにかく自然保護を考え抜いた上での設計といえるんだ。
残念なのは、かつて小網代の代名詞ともいうべき干潟の絶景（→右の写真）が見られた小橋が立入禁止になってしまったことだ。東日本大震災の時の海流で土台がえぐれたせいもあるらしい。その奥に展望広場があるけれど干潟には遠くて、かつての眺めはないんだ。ただ、広場の足元まで干潟にするプランも進行中らしいね。小網代の森はまだまだ発展途上、将来が楽しみだよ。

この絶景を、また目にしたいものである

小網代の森から黒崎の鼻へ

◆ サブコース【初級〜中級】

小網代の森の中央、えのきテラスから油壺へと木道が分かれている。三浦七福神の寿老人が祀られている白髭神社があり、カンカン石の音は必見ならぬ必聴。油壺は余程潮が引いて波静かなら海岸線を一周できるが、潮と波と相談の上で、どこまで周るかを決めたい（➡ 121 ページ）。奥まった油壺湾の波の静謐さは特筆もの。磯とプライベート風の小ビーチが連続していて、歩きごたえは存分にある。三浦氏滅亡の新井城址に沿う尾根道も、鎮魂ムード漂う静寂な森に包まれている。また終了後に「油壺観潮荘」で入浴できる（➡ 154 ページ）。 えのきテラス（20 分）シーボニア（60 分で海岸一周）

◆ 逆コース

小網代の森へ入る、畑の農道の別れ道がわかりにくい。三戸海岸から農地への入り方もわかりにくいので注意。

交通アプローチ
行き：京急線三崎口駅
帰り（サブコース）：油壺または京急油壺マリンパーク
（三崎口駅行きバス 15 分、1 時間に 3 本）三崎口駅

参考タイム
三崎口駅（25 分）小網代の森引橋入口（25 分）
えのきテラス（30 分）三戸海岸（25 分）
黒崎の鼻（30 分）三崎口駅

28 岩堂山から劒崎海岸へ
アートな畑、岩礁帯の連続踏破

レベル	中級
歩行タイム	2時間45分
季節	10月〜6月

歴史
★

自然
★★

観光
★

劒崎周辺の海岸は変化に富み、観光スポットにもなっているが、周囲の浜と磯をつなぐと俄然面白くなる。さらに前座として三浦の原風景ともいえる谷戸の畑を歩けば、その後の海景色をより一層美しく、愛おしく感じることができるだろう。

潮位・高波 ▶ P121

青空に映える劒崎灯台

コース終盤、海岸から畑に上がった場所から東京湾と房総半島。中央のピラミダルな山が鋸山、右端の双耳峰が富山

三崎エリア
Misaki

新緑の谷戸畑を行く。カーブを回り込んだ先で待つものは?

　松輪入口のバス停を下りると、樹林豊富な谷戸の向こうに東京湾方面が見える。歩いて少し目を転じると、一瞬「北アルプス?」と見まちがえるような山脈が畑の上に連なっている。房総の山々だ。海が畑地に隠れ、最上部だけが独立して見えるので結構格好いい。縦方向から見る鋸山はピラミダルで劔岳チック。南総里見八犬伝で知られる富山(とみさん)の双耳峰は鹿島槍そのまま。意外にも本日のプロローグは「北アルプスもどき」となった。

　台地の上の緩やかなうねりに、延々と畑が続く。三浦市の定番風景だ。そこから三浦市の最高峰である岩堂山を目指す。左右に分かれ巨大な門柱のよう。山頂直下に展望スペースがあって、三崎方面の眺めがいい。足元の畑、バックには城ヶ島。ただし山頂そのものは笹ヤブの中でわかりにくい。そこから標識に従い三浦市環境センターを目指す。敷地を回り込むように道が付いていて、谷戸へ下る小道になる。谷戸底は左右に屈曲し延々と畑が続く。おそらくかつては水田だったのだろう。水を確保する点から谷底の方が水田に有利だったのだが、農業コストの関係から戦後は畑地に切り替わったものと思う。しかし、この谷戸畑がいいのである。屈曲しているので先が見えず、却ってどこまで続いているのかという期待感で、実体以上に谷底を遠大に見せてくれる。そして畑を引き立てる額縁の役を務めているのが、周囲の森だ。谷戸際の急斜面なので開発が及ばず森林のまま。畑地の濃緑と周囲のパステルトーンの森があいまって、絵画的な景観を造りだしている。三浦の畑というと、台地上の広大な幾何学模様が鑑賞に堪えるが、こうした古典的な畑もまたアートなセンスが感じられよう。

　谷戸を抜けると正面に海。まずは江奈の干潟で、潮の満ち引きによって景観が劇的に変化する。小網代と並ぶ三浦エリアの2大干潟で、海鳥に蟹、生き物の往来も賑やかそうだ。そのまま江奈湾の湾岸歩道を回っていく。路上に盛んに干してあるのはヒジキ。濃密な潮の香りの中を歩くのは、車道脇であっても楽しい。劔崎へは荒々しい岩礁帯となる。波の高い時は危険だ。海岸周りの道が続いているが、一旦灯台に向かって坂を上る。高みから振り返ると、谷間に見える海の構図が素晴らしいのでお見逃しなく。灯台は敷地が広々して開放感一杯なのがいい。灯台の入口手前から前方へ降りる道もあるが、せっかくだから灯台への登り口まで戻って、海岸沿いを歩いておく。劔崎の末端は意外に遠く、複雑な岩礁歩きが楽しい。また、この付近からプライベート風の美しいミニビーチが現れる。

　防波堤の脇をすり抜けると間口漁港に出る。勇壮な漁船が陸揚げされ壮観だ。かつてはこの先も海岸沿いに遊歩道が続いていたが、ここ数年の間にも一部で崩壊が進んだ。身軽な人でないと歩きづらいので、し

畑歩きは道標もなく、海岸歩きも一部で一般的でないため中級クラスとした。足回りは岩場でも柔軟に動けるように運動靴の方がいいだろう。なお劔崎周辺は波が高いと危険である。潮位表(⇒121p)と天気予報をよく確認のこと。危険と感じたら迷わず山側へ巻くことだ。

江奈湾の干潟風景。打ち寄せる波も優しい

ばらくは内陸の車道を辿ることにする。社付きの庚申塚の所で脇に入り坂を下る。谷戸の底は、先刻通ってきた様な畑が続く。谷戸を抜けると再び青い海原が目に飛び込んでくる。ここからがプライベートビーチの本番、遠津浜海岸だ。いくつかの小浜と岩礁が連なり、ロープの付いた岩を下って左手の畑に上がる。

　本日の最初に立ち返ったかのように、台地上には伸びやかな畑が広がる。見晴らしのいい畑のど真ん中に、忽然と円形のコンクリート台座が。戦時中の高射砲の砲台跡か。それにしても畑の中央に陣地というパターンは、砲台のメッカ：三浦半島でもここだけかも。エピローグで史跡の贈り物だ。どこを歩こうと、歴史と縁が切れないのが三浦半島なのである。【5月上旬歩く】

◆延長コース【初級】

本コースの終点は松輪バス停だが、余裕があれば車道から海岸に下りて、三浦海岸駅まで歩くのも楽しい。右手に金田湾を望みながら、これまでのプライベートビーチとは真逆の長大勇壮な砂浜を延々と歩く気分は豪快そのもの。中間にある巨大な擁壁の下の岩礁帯は、引き潮時以外は前後の階段を利用して車道脇の歩道で巻くことになる。終着の三浦海岸はマリンスポーツのメッカで、カラフルな遊具と派手なパフォーマンスが飽かずに楽しめる。飲み食い処が多いのは嬉しく、マホロバ・マインズ三浦で入浴するのもいい。松輪バス停（80分）三浦海岸駅

 Mr.マックの道草トーク
「幻の南岸ハイクコース」

かつて三浦南岸には長大なハイキングコースが整備されていたんだ。小浜バス停から歩き始め、雨崎・剱崎を回り、毘沙門・千畳敷と歩いて、宮川から通り矢まで、総延長12km余り。さらに城ヶ島までつなげば、内浦の金田湾から外洋の城ヶ島灯台まで、様々に表情を変える磯と浜を連続して堪能できる、豪快極まるルートだったんだよ。ところが風化浸食で荒れ、三浦市の予算確保の難しさもあってか、トップの小浜から雨崎と、ラストの宮川湾から先が通行止めになってしまって久しいね。三浦市では観光の振興を図っているけれど、ここが全通すれば結構話題になるんじゃないかな。一方で放置したままだと、現コースとて数年の内に通行不能になってしまうかもしれない。まさに瀬戸際の遊歩道だね。

かつての遊歩道の残骸。雨崎付近で

岩堂山から剱崎海岸へ

● 注目スポット 【遠津浜海岸】

剱崎-雨崎間にはミニサイズの浜辺が幾つも連なっている。どこも静かで、その小ささも手伝って「自分たちだけの浜辺」を堪能することが出来る。色合いの違う砂がより分けられ縞模様をなしているのが何とも美しい。三崎層や初声層から成る岩礁のアートも見ものだ。観光地でないのにゴミが殆ど無いのは、地元できちんと清掃しているのだろう。ただここ数年、デイキャンプ客などを見かけるようになった。静けさはいつまで？

◆ 逆コース

初めに海岸に下る前の、畑の道が錯綜している。迷路のようで、実に難しい。一般的には、松輪バス停から車道歩きで間口漁港へ。そこから剱崎ー毘沙門ー宮川湾ー宮川町バス停が定番コースになっている（➡ 131 ページ）。

◆ 下山後のお楽しみ

「マホロバ・マインズ三浦」
帰路のバスで終点か、一つ手前の上宮田で下車して徒歩5分ほど。豪華ホテルで入浴と食事。お土産物も豊富（➡ 154 ページ）。

交通アプローチ
行き：三崎口駅（三崎東岡、または三崎港行きバス5分、1時間に5本以上）松輪入口
帰り：松輪（三浦海岸駅行きバス15分、1時間に2本）三浦海岸駅

参考タイム
松輪入口（25分）岩堂山（45分）江奈干潟（35分）剱崎（20分）庚申塚（15分）遠津浜（25分）松輪バス停

※例年、3月第1日曜日は三浦マラソン開催のため沿道が大混雑する

29
三浦南岸から城ヶ島へ
岬巡りで三浦半島の成り立ちを探訪

レベル	初級
歩行タイム	3時間05分
季節	ほぼ通年

歴史 ★　自然 ★★　観光 ★★

三浦半島の南岸は東西方向に展開している。一帯の景観は、ニッポンの海岸風景でも一級品で変化に富む。その立役者が永年の地質変動、近年では関東大震災によるものだ。多少の地形や地質の知識を踏まえて歩いて行けば、半日の岩礁歩きが充実したものになることは間違いない。

⚠ 潮位・高波 ▶ P121

城ヶ島・馬ノ背洞門

三浦南岸の千畳敷で。波涛をそのまま凝固させたような岩の上でネコは何を想う？（おやつ貰ったお返し、ポーズ取ってやるよ）

三崎エリア
Misaki

　京急名物、三浦海岸駅の着メロは70年代の名曲「岬めぐり」である。この詞のイメージする舞台となったのが三浦半島で、登場する岬めぐりのバスは、本日乗車する三浦海岸駅から南岸を走るバスが最も相応しいと聞く。詞通りに緩いカーブを切りつつ、湾から岬へバスは走る。ところが降りた所は畑のど真ん中、見渡す限りの大根畑にいきなり放り出されたような感覚だ。畑の中から煙突のようなパイプが何本も突き出しているが、これは地中のガス抜きのためのものという。海への下り坂の途中、毘沙門天のお堂でまずは参拝。

　海岸に出ると海面混じりの一面の磯になり、冬なお鮮緑色のアオサが目に沁みる。ここはまだ序の口、海側に突き出た岩塔が浅間山で、さらに進むと台地の壁の一段高い所に、弥生時代の住居跡である洞窟があいている。結構大きい。かつてはここまで海が来ていたのだろう。これも地質活動の痕跡には違いない。

　一旦、毘沙門湾の漁港に出て湾岸道路に沿って歩く。湾口を回り込めばいよいよ本日最初のハイライト、千畳敷エリアだ。その名の通り実に広く、まるで波濤がそのまま凝固して岩になったかのような奇観に圧倒される。全体としてこれだけ広く平らであるのは、かつて海面が岩の表面を洗っていた名残りで、関東大震災での隆起によって今日の姿になった。風が強くなければこれほど休憩向きの場所もない。海側を覗いてみると赤岩に砕ける本物の波濤が強烈である。

　次いでハイライトのひとつ、盗人狩。ここは三方から取り巻く岩の大伽藍で、中央の橋からのぞきこむ碧い水がなんとも印象深い。その先も、たくさんの穴のあいた岩畳の広場や、天地が傾いて見える観音岩一帯など、地質博物館のコレクションには舌を巻く。

　宮川湾に出て一段落。ここでサブコース①②が分かれるが、とりあえずは最短の車道沿いで、オーソドックスに城ヶ島を目指す。例の岬めぐりバスの路線に上がるのだが道幅が狭い上に通行量が多いので、早々に分かれて一旦城ヶ島大橋の直下まで下る。見上げる橋脚は遥かに高く、上り階段はうんざりだが、橋上まで出ればそんな鬱屈が吹っ飛ぶ。渡る大橋はまるで天空の回廊。眼下の城ヶ島海峡と三崎の街並みが実に鮮やか。この橋を車で一瞬で渡るのが、もったいなく思えてくる。

　島内に入るとすぐに公園エリアとなる。2か所の展望台があり、島と海の眺めが素

天地が傾いて見える奇勝：観音岩

大半が海岸歩きなので登山靴より運動靴の方が良いかもしれない。初夏から盛夏の日差しは強烈なので、日除け対策を十分に。満潮と高波が重なると通行できなくなる箇所もある。事前に潮位の確認を（→ 121 ページ）

冬の城ヶ島はスイセンの香りで満ち溢れる

落日迫る城ヶ島西海岸

晴らしい。対岸の三浦半島や房総半島も手に取るようだ。そのまま東端の安房崎へ。踵を返して西端に向かうが、ぜひとも南岸の岩礁上のルートを歩きたい。岩と潮だまり、背後の青海の織り成す構図は芸術的という他はない。人が抜けられる洞門もあり、また穴底を波が洗う洞門（➡ 151ページ）は観光ポスターにならないのが不思議なくらい、絵的に決まっている。

先の展望台のポイントに上がり、さらに歩くと樹林帯となるが、ほどなく抜ける。この抜けた時の開放感がたまらない。笹原の台地、眼下に遠くまで広がる岩礁帯、真っ青な海が一気に開けるのは驚きと感動の一瞬だ。下れば名勝：馬の背洞門、これも震災の隆起によって下から眺めることができるようになった。ここは撮影タイム、穴の向こうの水平線に船が浮かんだ絶好の構図を狙ってみる。

最後は城ヶ島灯台に立ち寄って、西端の磯で風に吹かれてみよう。正面には夕陽に輝く磯の突端が眩しい。遥か海溝から隆起した中では、世界で最も新しい地層群、それらを探訪した「岬＋地質めぐり」の終点であった。【2月上旬歩く】

Mr.マックの道草トーク
「関東大震災の痕跡」

三浦南岸一帯は、まるで人工的な平たい岩場が続いているね。おかげで海岸ハイキングには絶好なんだけれど、明治時代にはこの一帯は全く歩けなかったはずだ。大正時代の関東大震災によって、2ｍ近く隆起したんだよ。今から2ｍも下がったら干潮時でも海面下だとわかるだろう。もちろん地質が出来た時代は遥かに古くて、500万年ほど前。白っぽい地層が周辺の陸地から流れた土砂類が固まった泥岩で、黒っぽく挟まっているのが火山灰や火山礫からなる凝灰岩だ（三崎層）。この二つが差別的に浸食されることによって、一帯の奇観を造り上げているわけだね。地質が積もった材料造りの時代、隆起して風化が成した彫刻の時代、この二つが相まって芸術的とも言える景観を産み出してきたわけなんだ。地震はとんでもない災害だけれど、アート探訪できるのがせめてもの賜物だね。

たくさんの穴は、中世の建造物の土台？……ではなく、波の直下の小石が転がってあいたもの

三浦南岸から城ヶ島へ

◆サブコース❶【町中の地質博物館】

地質探訪に更なる充実度を求めるのなら、三崎の町中をしばし巡り歩いてみると良い。ただし町内の道路事情は複雑怪奇。タウンマップ片手に多少間違えながら進むのも乙なものだ。宮川湾から台地上のバス道を突っ切って、「諸磯の隆起海岸」を目指す。名所なので地図上にも記載されているはず。数万年前からの、貝の生息していた痕跡が地層表面に列を成していて、列毎に隆起を繰り返したことが見て取れる。畑地の中、地質学的には有名だが観光客などまずいない。次いで「海外のスランプ構造」、海岸の車道脇の崖に描かれた派手な褶曲模様だ。海底の地滑りの跡で、こちらは数百万年前のオーダー。後は海岸沿いに、頼朝の時代には文字通り海上にあった歌舞島や、色彩豊かな海南神社などを巡って城ヶ島大橋直下に出てみたい。☞宮川湾から大橋下まで約90分

◆短縮コース【初級】

城ヶ島限定の散策にお勧め。三崎港のバス停から昭和の色濃い街並みを歩く。深い湾（北条湾）を周りこみ、城ヶ島大橋の下を通り過ぎたら左の脇道に入り、橋脚の股間に付けられた長い階段を目指す。☞三崎口駅（三崎港、城ヶ島、通り矢、浜諸磯行きバス20分、1時間に3～4本）三崎港（20分）大橋

◆サブコース❷【通り矢への旧遊歩道】

宮川港から通り矢まで、かつての遊歩道は浸食の進行に整備が追い付かず、荒れてしまっている。が、ここが通れてこそ、南岸から城ヶ島までを自然を感じながら繋ぐことができる。公式に通行止めにしているのかは微妙だが、開通した暁の参考までに地図に記載した。

諸磯の隆起海岸。一列に並んだ貝の棲み家が当時の海岸線を示している

海外のスランプ構造。軟らかい地層が海底で地滑りを起こし、波打つ模様となって固結

交通アプローチ

行き：三浦海岸駅（三崎東岡行きバス30分、
　　　1時間に1本）毘沙門天入口
帰り：城ヶ島（三崎口駅行きバス30分、
　　　1時間に2～3本）三崎口駅

参考タイム

毘沙門天入口（35分）毘沙門湾（20分）
盗人狩（25分）宮川湾（30分）
城ヶ島大橋（20分）安房崎（45分）
城ヶ島灯台（10分）城ヶ島バス停

※例年、3月第1日曜日は三浦マラソン開催のため沿道が大混雑する

ネイチャー＆ヒストリートーク 三崎編

奇跡の二乗でよみがえった自然境

Mr. マック：小網代の森は、源流から河口に至る、一つの河川の流域がそっくり自然のままに残されているんだ。関東一円では唯一といわれているよ。

みゅう：木道込みで整備されたのはつい数年前、それまではどうなっていたのかしら。

Mr. マック：かつては三浦のお約束、谷戸の底に水田がある里山だったんだけれど、農業が放棄され、バブル期前にリゾート開発が持ち上がったんだ。京急が三崎口から路線を延長してターミナルを作り、そこを拠点に住宅地、ホテル、広大なゴルフ場の青写真が出来ていたよ。

みゅう：なんだか頭がくらくらしてくるわ。実現していたら、洗いざらい今の森はなかったってことね。

Mr. マック：でもここの自然の貴重さ・素晴らしさに気付いた人たちがいたんだ。そこで10年後20年後の社会情勢まで見据えて、壮大極まる保護活動を始めたんだよ。やがて市や県を巻き込み、最終的には開発側の京急までテーブルに載せた上で、保全が実現できたわけだ。

みゅう：でもそこでやっとフィールドワークのスタートよね。どんな風に進められたの？

Mr. マック：農業放棄から50年も経っていて、かなり荒れてしまっていたから、笹を刈り払いヤブを除いて、水を谷戸いっぱいに循環させて湿原環境の復元を図ったんだ。

みゅう：自然は、自然のままに放っておくのが一番いいんじゃないの？

Mr. マック：長期的には照葉樹の森に遷移するんだろうけど、見た目に荒れた笹ヤブの時代が長過ぎるんだ。湿原風景なら人の心にも訴えるし、移ろいゆく景観の一局面を永続的に残そうとしたともいえるね。

みゅう：確かにそうかも。尾瀬の様な湿原の木道を歩く感覚って、とっても気分がいいから。

Mr. マック：今でもボランティアによる不断の手入れが続いているからこそ、あの夢のような光景が維持できているわけだよ。ただ、広大だから人手もお金もかかる。末永く活動が続くように、しっかりした組織や仕組みを構築していることも称賛に値するね。

みゅう：三浦の外れにたまたま素晴らしい自然が残っていたのが奇跡なら、そこを守る人たちがグッドタイミングで集まって活動できたのも奇跡的！　奇跡の二乗で蘇ったんだわ。

Mr. マック：木道がしっかりしているから、足の多少弱い人でもこの素晴らしい自然を満喫できるんだよ。

みゅう：自然にも人にも優しいのが、小網代の森の今なのね。

笹の覆う整備前の小網代の森。数年後には表紙写真の様な見事な湿原に

鎌倉 &
三浦半島
あれこれ

2ショットあれこれ
左上：黒崎の岩礁→123ページ
右上：前田川の源流部→98ページ
左下：稲村ヶ崎→22、36ページ
右下：盗人狩の奇勝→131ページ

135

30
三浦分水嶺の全線を極める
鎌倉&三浦半島別格紀行

レベル	上級
歩行タイム	15時間以上
季節	11月～4月

　本書では別格コースである。降った雨を、相模湾と東京湾に分ける一本のラインを追うものだ（➡138ページ道草トーク）。全線を踏破するには日帰りでは到底無理で、通常の歩き方なら2～3日を要する。加えて都市近郊だけに、ライン上には立ち入りが出来ない箇所も多い。主な障壁だけで実に10カ所。そこをどの程度妥協して、どうクリアするのかも重要なポイントだ。

　別格ということで、詳しくガイドはしない。地図も全体略図のみとした。地図が読めて自分でルートを探し出せる熟達者向けだ。分水嶺の概念と面白さを知った上で、本書のあらゆる知識・情報を動員して欲しい。各位の力量と熱意に応じて、全線でも、その一部でも踏破して頂ければ幸いである。

A 円海山は、現在は山頂を踏めない。恨めし気に電波塔施設を眺めるのみ
B 朝夷奈切通し。山上を通っていた分水嶺が、鎌倉時代にここまで下りてきたことになる
C 鷹取山展望台から。延々と並ぶ送電鉄塔はほぼ分水嶺のラインに沿っている

　三浦分水嶺の起点をどこにとるか？　これは、横浜南部の森のほぼ北端に位置する円海山が妥当だろう（写真A）。ところが円海山は通信塔が立っていて柵があり立入禁止。のっけから①の壁に阻まれたことになる。

　しばらくは横浜南部の「市民の森」をたどる。厳密には分水嶺は尾根の絶頂のラインを通っているのだが、遊歩道以外は立入禁止なので②の壁となっている。「どうにか分水嶺」を歩くのがせいぜいだ。それでも横浜市最高峰とされる大丸山にはピストンで登っておく。

　市境広場から、分水嶺の右側は鎌倉市になる。ところがここで③の壁「鎌倉霊園」が登場、墓参者以外は入場できない。ここは大きく横浜側に巻いて朝夷奈切通し道に入る（写真B）。熊野神社の裏手で久々に分水嶺上に戻る。

D 逗子 (Z)、横浜 (Y)、横須賀 (YS) の3市境標石。分水嶺はZの2辺を走る
E 葉山カントリークラブ入口。背後に三浦最高峰である大楠山が見える
F 山科台団地のど真ん中を、斜めに分水嶺が貫いている
G 分水嶺そのままに伸びる、大矢部のコンクリート柵

　しばらくは森中の尾根を平和に歩く。すると正面に人を拒む柵が……④**の壁**「池子住宅地」エリアにぶち当たったのだ。ここを突破する覇気などないから、柵に沿って左へ巻いていく。下界に下りて大きく外れたのち、六浦霊園の裏からラインに戻る。

　3市境（写真D）から先は、東京湾側が横須賀市となる。鷹取山で熱心な実年クライマーを見物。さらに田浦へ向かうと、⑤**の壁**「田浦配水池」だ。柵をくぐれないこともないが、今日日、配水池に侵入すればテロリスト扱い。実は配水池のかなり手前に金網の柵があり、破れていて通れはするのだが、実質ここまでが限界だ。逗子側に巻くと外し過ぎるので、横須賀側に巻いて一旦は京急田浦駅近くまで下る。港が丘住宅地の外れに立派過ぎるくらいの階段があり、登り詰めれば分水嶺上の山道に戻る。

　ブーンとうなる音が聞こえてくれば横浜横須賀道路が下方を走る。森戸源流の乳頭山から畠山への道をたどる。その畠山山頂を目前に控えたところで左手に下る。ここは地形図上から分水嶺を見極めるのが最も難しいポイントになる。それが⑥**の壁**「横須賀インターチェンジ」だ。分水嶺そのものからは少しずれるが、道路下を抜ける道でクリアできる。

　分水嶺は安針塚側の山へ駆け上がる。塚山公園の外れから細い山道（市道）をたどる。途中で分水嶺を外れるが、無理してヤブをこいでも、⑦**の壁**「池上配水池」にストップされ無駄足になるので一旦は西側に下る。池上トンネルの手前脇から山道に上がれば配水池はクリア、ミニ山地になり権現山に至る。下ってニリンソウのプロムナードを経て車道に抜け、大楠登山口バス停に至る。

　横横道路を渡る橋からそのまま車道をたどると、分水嶺は⑧**の壁**「葉山国際カントリークラブ」に突入する（写真E）。もちろんプレイでもしないと入れない。急斜面のグリーンのどこかに分水嶺が走っているようだが、高みを目でたどると三浦最高峰の大楠山に至る。大楠山が分水嶺に絡めば山の箔付けになるのだが、残念ながら僅かに外している。

　この先は衣笠方面へのハイキングルートが分水嶺だが、ここで⑨**の壁**「ワイハート開発予定地」。予定地がもろに分水嶺上にあ

H 分水嶺は畑のど真ん中なので、近隣の農道をたどって行く。背後に武山三山
I 道端の野菜売り場。冬季とは場違いにカラフル、ついつい買いこんでしまう
J ついに終点、剱崎の岩礁と灯台。右が東京湾、左が太平洋

り、さらに関連工事でかなり手前から通行止め。本コースで最大の大巻きをしなければならない。横横道路の脇を並走し大善寺から、衣笠方面とは逆に山科台団地に上がると、ようやく分水嶺に戻る。分水嶺の上に宅地を持っている住人が多数いるはずだが（写真F）、自家が栄えあるポジションに付けていることを知らない人が大半だろう。なんとももったいない。そして大矢部の横須賀市営公園墓地の裏山に入る。分水嶺そのままにコンクリート柵が延々と続く。「ここが分水嶺だ」とわざわざ表示しているかのよう（写真G）。この尾根が終わる頃、前方に場違いなくらいに巨大な建造物「ＮＴＴ横須賀研究開発センター」が立ちはだかり、分水嶺は建物前の駐車場を通過。

武山山地は南北に横断、例のスダジイの巨樹（➡114ページ）はピタリ分水嶺上だ。武山山頂では、レストハウスが嶺上なのに対し、より高い不動院のある高台は外れている。南に下る道が分水嶺で、山歩きはこれでおしまい、後は広大な畑地帯を歩いて行く。分水嶺の大半は畑上に位置していて踏み込めないから、ここでは畑そのものが⑩の壁というところか（写真H）。大きく外さないように、農道を右へ左へ。畑の一角に分水嶺上の三角点がある。地形図で見当を付け、宝探しの様に見つけ出せれば嬉しい。京急線をまたぐ橋上が丁度分水嶺、

さらにバス路線なども交えたどる。なおも畑の中の車道を歩いていくと、前方に夢にまで見たゴール：剱崎灯台の白い頭が見えてくる。バス道を渡り灯台前へ。どうせならと台地から海岸に下り、岩礁をたどって先端を極める（写真J）。左手には東京湾、右手には相模湾からなり替わった太平洋。思い出されるのは、行く手を阻んだ数々の障壁。なんという達成感！分水嶺上で分かれた雨水は、結局は海で合流すると知りつつも、地形のロマンを感じて感極まってしまうのであった。

【12月〜1月歩く】

 Mr. マックの道草トーク「三浦半島分水嶺」

「中央分水嶺」なる言葉を聞いたことがあるかな。日本列島に降った雨水は、川になって結局は太平洋か日本海かに流れ着くことになる。さてどちらに流れるか、その境界が一本線になって列島を走っているわけだね。当然、高い山脈の稜線を通ることが多くて、技術的にも体力的にも相当な難所が多いんだ。

三浦半島にも同様の分水嶺を想定できるね。降水が東京湾と相模湾へと振り分けられるライン、それが三浦分水嶺というわけだ。本文の通り障害物だらけで、ある意味で本家の中央分水嶺より難しいくらいだ。もちろん前ばかり追わず、水の流れ着く先である東京湾と相模湾を意識しながら歩いて行こう。それでこそ分水嶺踏破の意義ありというものだよ。

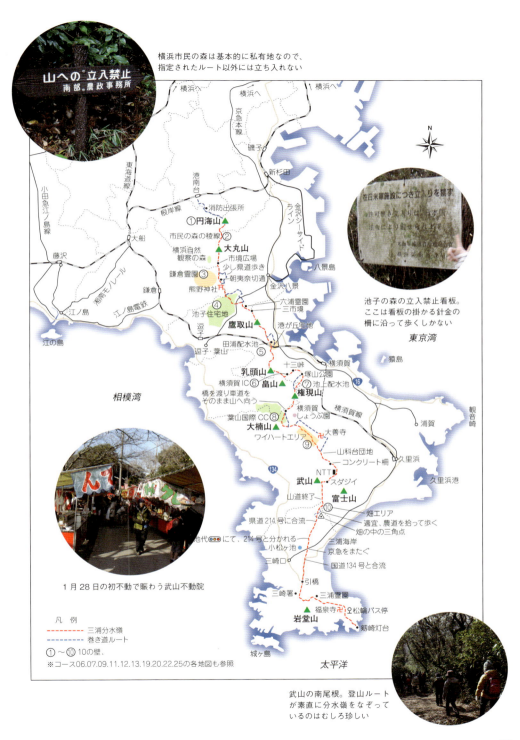

鎌倉＆三浦半島 自然と歴史の連続講座 ①

複雑きわまる地質形成史

■地質学的な成り立ち

　日本列島が大陸から分かれた頃、南の海上からプレートに乗ってやってきた地累が葉山層群としてまとまり、これが三浦地質の核となった。次いで、南の海溝（トラフ）で堆積した地層群（付加体）が押し付けられ三崎層を形成。同じころ葉山層の北側では、本州からの火山灰や、流れ出た砂や泥が海中に堆積して逗子層を形成。その上に池子層が、さらに上総層群が堆積。時代が下り、海が優勢になって陸地の一部が沈む

とそこに宮田層や横須賀層が堆積。並行して箱根や富士山の火山灰が積もって関東ローム層をなした。最後に、縄文時代の温暖化（現在より海面が2m以上高い）で海が侵入していた湾奥に、河川起源の泥や礫が堆積して沖積層を形成、次第に陸化して現在に至る。

　かように三浦半島では、地質帯のピースがジグソーパズルのようにきめ細かく絡み合っている。この複雑緻密さはニッポン有

年代	層の名称	成り立ち	
2000 〜 1200 万年前	葉山層群	プレートに乗ってきた付加体。南方の火山や、本州が起源の様々な岩石から成る。ごく一部に 2000 万年以上前の枕状溶岩や蛇紋岩も取りこむ	67 73 ページ
1200 〜 830 万年前	三崎層	伊豆小笠原火山起源による泥岩とスコリア凝灰岩（火山灰）が交互に積もる。陸上に現れた付加体の中では世界一新しい	119 133 ページ
550 〜 400 万年前	初声層	三崎層の窪地に堆積した凝灰岩。斜交層理（水流の痕跡）あり	129 ページ
850 〜 350 万年前	逗子層	主に淡黄色の泥岩、一部に凝灰岩（火山灰が起源）を挟む。鎌倉＆三浦エリアの各層の中では、地表の分布域が最大	51・67 106 ページ
350 〜 280 万年前	池子層	凝灰岩が中心、加工しやすい→鷹取山の石切り、鎌倉のやぐら群	49,51 106 ページ
280 〜 70 万年前	上総層群	凝灰岩質の砂岩・泥岩。広く関東平野の基盤となっていて、南端のみ（横浜市南部の丘陵など）が地表まで現れている	31 45 ページ
30 万年前	宮田層	三崎層や初瀬層の上に泥や礫が堆積した	114 ページ
12 万年前	横須賀層	下部(前期)に砂泥層、上部(後期)に関東や丹沢山地から供給された礫層、この狭間に水が通っている→走水	107 ページ
50 万年前より。10 万年前から本格化	関東ローム層	富士・箱根・愛鷹・八ヶ岳・浅間・榛名などの諸火山から供給された火山灰が固結したもの、総じて赤味を帯びる	
6000 年前から	沖積層	縄文海進に伴い出来た入り江などに河川堆積物などが溜まる。ヒト（2 万年前〜）の活動の場となった	109 ページ
数百年前から	埋立地	本格的には明治期以降だが、江戸時代の平作川沿い（久里浜付近）の新田開発も埋め立てに相当する	109 ページ

※横須賀層以上は下層（固結して強い安定地盤）、関東ローム層は中層（固結度様々、やや弱い）、沖積層以下は上層（固結未熟、弱い）となっている。古いほど地盤は安定、地震にも強いが、どんなに古い地盤でも上に新たな地層が重なってしまえば、上の方の地層の性質が反映されることになる。因みに神奈川県で最も古い地盤は、相模川以北の小仏層群（陣馬山、生藤山など）で 6000 万年以上前（中生代白亜紀……恐竜時代末期）に形成され基盤岩を構成している。

140

自然と歴史の連続講座

数。いかにこの地が、地質学上のホットスポットであるかということの証しだ。現に各帯の境界の多くは断層になっていて、これが地震活動を引き起こしている。かくして、地質そのものの複雑さ、隆起と沈降の繰り返し、氷河期と温暖期による海面の上下変動が、三浦特有の「細密地形」をもたらすことになった。

トピックス「池子層とやぐら」

　池子層の地層は、350万年前から280万年前にかけて海中に堆積した、凝灰質の砂岩などから出来ている。主に本州側の火山灰や火砕流などが積み重なったものだ。池子層に前後する逗子層や上総層群に比べると、堆積した期間が短く、地層の厚みもかなり薄い。したがって地上に露出している面積も比較的狭くなっている。ところがその狭いエリアが、鎌倉外郭の山から朝比奈峠付近をカバーしていたことで、歴史上に一定の役割を残した。それがやぐらである。鎌倉中期、鎌倉府内が手狭になって下界での墓の造営が禁止され、やむなく周囲の山にお墓を設けたのがやぐらのルーツだ。やぐらは崖際に横穴を掘ったものだから、掘り進みやすいこと、そして掘った以上は風化しにくいことが必要だ。そんな地質的なニーズにぴったり応えていたのが、池子層の凝灰質の岩なのである。凝灰質の岩は加工しやすい一方、風化にもそこそこは堪えてくれる。

　もし地層が少しずれていて、泥岩中心の逗子層が鎌倉周囲の山を構成していたとしたら、これほどやぐらが造営されることもなく、またせっかく作っても、もっと早くに風化が進んで、今ほど残っていなかったのではないか。実際、稲村ヶ崎付近は逗子層の泥岩で出来ている。池子層は結構際どい分布になっているわけだ。鎌倉外郭の山がたまたま池子層であったことは、まさに天の配剤の妙なのである。地質が歴史を刻む、その好例といえるだろう。

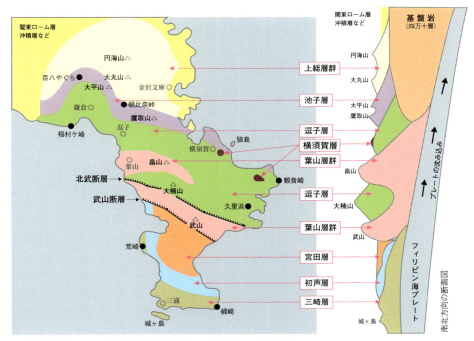

※本図は概念的なもので、沖積層などは略してあり、ラフに区分したものである。

鎌倉＆三浦半島 自然と歴史の連続講座 ②

尾根と谷の織りなす細密地形

　鎌倉＆三浦半島エリアでの複雑極まる地質形成によって生まれたのが、細密地形に他ならない。細密、とはあまり聞きなれない言葉かもしれないが、尾根や谷の細かさ・密度といった感覚である。つまり面積が同じ山域であっても、地形の混み具合によって山の印象は全く異なったものになる。山の高さ・大きさ（広さ）に次ぐ第3のファクターが「山地形の尾根や谷の細かさ＝細密度」ということになるわけだ。

　次ページの3つの地図を見比べてほしい。顕著な尾根筋にラインを引いたもので、山全体の印象を大づかみに捉えたものである。面積は同一でも、尾根の混み具合は明らかに違っている。

　①は南アルプス仙丈ヶ岳付近の地図で、目立った尾根は数えるほど。山の一つひとつが雄大で、各尾根は長いラインを引いている。

　②は高尾山付近の地図だが、①に比べると尾根の発生密度が高くなると共に、1本当たりの長さは短くなっていることがわかる。

　③は三浦北部、森戸川源流域の地図である。主稜線から細かく枝分かれし、ラインの1本1本は実に短い。山域全体が「細密」であることがお分かりいただけよう。

　以上の地図上の差異を、実景に置き換えてみるとどういうことになるのか。写真①では仙丈ヶ岳が単独でゆったりと稜線を引いている。写真②の山稜では、派生する尾根や谷はずっと多くなるものの、それなりにゆったりと伸びている印象を受ける。ところが写真③になると、細かい尾根の凸凹が絡み合い、下手をすると尾根なのか大きな樹の塊なのか見分けがつかなくなってしまう。

　実際に歩いてみると、その違いを身体で実感することになる。①のような山では、尾根が長く分岐が少ないから、それほど地図の確認は必要ではない。たまに現れる分岐点だけに注意しておけば済む。反対に③の山は地図読みに忙しい。次々と分岐が現れるから、常に地図上のチェックが必要でのんびりと歩いていられない。

　地図読み術が一筋縄ではいかない奥深さがここにあるわけだ。一般には①のような高山の方が登山技術を要するように思われがちだが、こと地図と地形の読み込みに関していえば、③のような鎌倉＆三浦の山道の方がよほど難度は高い。道を間違える可能性が大なのである。特に道標もないようなヤブ山では、真の地図読み力が要求される。このエリアの地形の細密さは、山歩きの難しさ、言い換えれば面白さを存分に堪能させてくれるのである。

　この細密な地形が、実は鎌倉＆三浦の歴史形成に深く関わっている。源頼朝がどこに政権を置こうかと考えた時、周囲をぐるりと山で囲われ防御の点で申し分ないことが第一。その上で首府機能維持のため平野部はそこそこの広さが必要、さらには海に面し物流の便に恵まれているとなお良い。こんな両極の条件を併せ持つような地形など滅多にあるものではない。それこそが、海近くで小さな尾根と谷戸が絡み合う鎌倉の地というわけだ。三浦丘陵の細密地形が、日本史形成の上での重要なファクター（要因）になってくるのである。

自然と歴史の連続講座

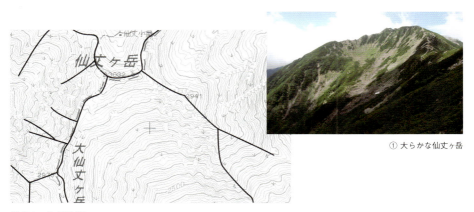

① 大らかな仙丈ヶ岳

① 仙丈ヶ岳山頂付近

② 高尾山付近の山稜

② 高尾山

③ 鷹取山付近から見た二子山周辺

③ 森戸川源流域

鎌倉＆三浦半島 自然と歴史の連続講座 ③

歴史概説と年表

　司馬遼太郎は『街道をゆく　三浦半島記』の冒頭で、「……三浦半島はまことに小さい」「ところが、この半島から、12世紀末、それまでの日本史を、鉄の槌とたがねでもって叩き割ったような鎌倉幕府が出現するのである。」と書いている。まさしくこの時代、鎌倉＆三浦半島一帯が歴史の表舞台として脚光を浴びることになった。そもそもわが国で100年クラスの単位で一国の首都として機能したのは、奈良・京都・江戸（東京）、そして鎌倉しかない。ニッポン

全体から見れば取るに足らないような小面積、しかも山がちで殆ど平野のないようなこの地から、日本国中を束ねるような政権が生まれたのは、地形の妙の賜物だろう。当時の武士にとって中枢機能に足るだけのニーズを満たしていたのが、この地一帯の細密地形（前章）だったのである。

　鎌倉の武家政権ばかりではない。それ以前から三浦一帯は歴史を紡いできた。深い入り江と川、豊かな森を育む山が混然となっていることから、縄文人は長きにわ

歴史年表による索引

時代	時代の流れ	年代	関連するできごと	遺跡と参照ページ
縄文	採取、漁労生活	BC		池子遺跡（49P）、吉井貝塚（109P）
弥生	農耕、漁労生活	1C～3C		弥生期洞窟住居跡（131P）
古墳	地方で豪族が栄える	4C		長柄・桜山古墳群（55P）
		7C		かろうと山古墳（103P）
飛鳥	ヤマト政権の成立	6C以前	日本武尊の東征	走水神社（107P）
奈良	律令政治	8C	仏教の全国展開と道整備	神武寺（50P）、古東海道（63P）
平安	源平合戦	1180	畠山勢と三浦勢の数次にわたる合戦	旗立山（鐙摺城）（75P）、木古庭不動堂（63P）、衣笠城址（93P）、怒田城址（109P）
鎌倉	鎌倉幕府スタート	1192頃	源頼朝による都市計画	十王岩（25、36P）、永福寺跡（45P）
		13C初頭	鎌倉初期の権力争い	浄楽寺（93、94P）
		13C	鎌倉への交通網整備	朝夷奈切通し（25、35、53P）、名越切通し（35、53P）、大仏切通し（21P）
	鎌倉幕府円熟期	13C	鎌倉仏教の興隆	建長寺（25、36P）、円覚寺（27P）、大仏（21P）
		13C	物流の活発化で港整備	和賀江島（35P）
		1275	金沢文庫創設	称名寺（北条実時墓所）（46P）
		13C	日蓮上人の布教	龍本寺（86P）
			鎌倉府中の狭隘化により墓地は郊外へ移転	百八やぐら（31P）、まんだら堂やぐら群（54P）、金剛窟地蔵尊（32P）
	鎌倉幕府滅亡	1333	新田義貞勢の侵攻と幕府方の防御戦	化粧坂（36P）、極楽寺坂（18、36P）、霊山（36P）、稲村ヶ崎（22、36P）
室町	南北朝時代	14C中	南朝方の鎌倉奇襲	鎌倉北嶺（鎌倉アルプス）（35、37P）
	戦国時代	1512	北条早雲の三浦侵攻	住吉城址（35P）
		1516	三浦一族の滅亡	新井城址（125P）
		16C	後北条氏の支配	赤門（建築は江戸期）（86P）
江戸	江戸幕府成立	17C初期	三浦按針が外交顧問に	按針塚（89P）

144

自然と歴史の連続講座

たって多数の集落を形成できたことになる。奈良時代以来の古東海道は江戸期以降とは異なり、鎌倉から葉山、衣笠を経て走水から東京湾を跨いで安房の国（千葉県南部）へと通じていた。三浦氏の居城が、この古道沿いに点在していたのもうなづける。

首府の置かれた鎌倉期以降も、この地の重要度は変わらない。室町時代も、鎌倉には関東公方が置かれ政治的に重要な地であったし、戦国時代には北条早雲と三浦一族の合戦の舞台となった。そして江戸時代。首府に近在することから幕府にとって要地であり、庶民にも手軽な旅先として人気を集めるようになる。また享保の頃には、そ

れまで下田にあった奉行所が浦賀に移され、相模国内では小田原に次ぐ賑わいを見せるようになった。

幕末からはさらなる歴史の大渦に飲みこまれる。ペリー来航に始まり、横須賀製鉄所が建造され、それに端を発して軍事基地・要塞として整備が進む。そして敗戦、戦後は米軍基地として引き継がれる一方、防衛大学校も開設された。高度成長期には首都近郊の宿命でベッドタウン化も進展。さらには首都に近接して自然が多く残されていたという、相反する条件が、この地に新たな火種を呼ぶことになる。それが開発と自然保護の確執なのである。

		1683	武山不動が山上へ	武山不動尊（114P）
	幕藩体制の安定化、官民ともに太平の眠りに就く	17C末	金沢八景の選定	能見堂跡（45P）
		1720〜	浦賀に奉行所設置→交通網の整備	浦賀道（51、64、109P）、燈明堂（109P）、東叶神社（110P）
		18〜19C	民間信仰により各地に観音像や庚申塚を建立	馬頭観音（63、67P）
				庚申塚（81、97、114P）
			庶民の旅行ブーム	立石（82、99P）
	開国と幕末の動乱	1853	ペリー来航	ペリー上陸記念碑（111P）、勝海舟断食跡（110P）
		1865〜	横須賀製鉄所の建造	走水水源地（107P）、浦賀の水隧道（110P）
明治	明治維新、富国強兵	19C末	三浦半島の要塞化など	観音崎砲台群（105P）、猿島要塞（87P）、のの字橋（60P）
		1890	明治憲法制定など	伊藤博文金沢別邸（47P）
	日露戦争	1904	日本海海戦	記念艦三笠（87P）
大正	関東大震災	1923	関東大震災	三浦南岸隆起帯（132P）、2代目観音崎灯台（106P）
昭和	戦争への足音	20C前期	対艦船から防空への変化	砲台山の砲台跡（113P）、畑中の砲台（128P）
		1940	池子の接収と軍事施設	旧陸軍弾薬庫（49、54P）
	太平洋戦争、戦局の悪化	1941〜5	多数の軍艦、商船が沈没	戦没船員の碑（105P）
		1944	空襲の激化	比与宇トンネル（64P）
		1945	海の特攻	回天格納庫（124P）
	敗戦、軍組織の改編	1945〜6	敗戦による引き揚げ	陸軍桟橋（110P）
		1952	防衛大学校開校	防衛大学校（105P）
	高度成長期以降	1982	横浜横須賀道路開通	横浜横須賀道路（41、59、94P）
	バブル経済の崩壊	1994	湘南国際村計画の蹉跌	めぐりの森（97P）
	冷戦終結、国際社会の複雑化	1994	池子米軍住宅地完成	池子の森自然公園（49、56P）
平成		2008	原子力空母配備	原子力空母（63、89P）
	自然保護運動の高まり	20C末〜	各地で開発計画と保護運動	広町緑地（22P）、森戸川源流エリア（70P）、小網代の森（123、134P）
	東日本大震災	2011	原発事故の影響	横須賀火力発電所と送電線（102P）

鎌倉＆三浦半島 自然と歴史の連続講座
自然保護のホットエリア

　首都圏、そして大都会横浜の近郊にありながら、豊かに残された自然境。都心に近いがゆえに他の何処にも増して開発圧力は激しい。その反動として、エリア毎に開発に抗する動きが生まれ、ホットな自然保護運動が展開されてきた。

　自然保護の成否は、「開発側の圧力」ＶＳ．「保護運動の強さ」、両者の力関係によって決まるといっていい。表の右端列は、保護側から見た成否について講評したもの。開発側では、国や米軍が主体となった逗子が「最強」、企業主体であった鎌倉・三崎が

各エリアの代表的自然保護問題とその顛末

エリア	係争地	自然の意義	開発の経緯	顛末と参照ページ	保護側から見ての講評
①鎌倉	広町谷戸	高度成長期以前の鎌倉には当たり前にあった谷戸風景。農業を中心に、周囲の山の恵みと連携して里山経済が営まれてきた	谷戸から周辺の山を含めて、宅地開発。市全般に及ぶ広範な保護運動が起こる	里山として全面的に保全。ボランティアによる保護活動が続いている（22 P）	開発「中」ＶＳ保護「強」　▶ ◎　最も望ましい保護形態
②南横浜逗子	池子の森	かつての旧陸軍弾薬庫が米軍に接収されていたために、却って開発を免れ奇跡の自然境として残されていた	米軍住宅建設問題が持ち上がり、地元逗子市では市長選挙の争点になるなど、激しい反対運動が展開された	神武寺駅近くの最も広いエリアが開発されたほか、低山部も開発。さらに横浜市エリアにも開発予定がある一方で、一部が池子の森自然公園として一般日本人にも開放された（49、56 P）	開発「最強」ＶＳ保護「強」　▶ △　かなり頑張ったが、開発側メンバー（国と米軍）が強過ぎた
③葉山	森戸川源流域	三浦半島で最も奥深い山と渓谷の情景。森戸川の2本の源流は野性味満点であるし、中間の中尾根は俗界を絶ったムードが抜群。また南麓は里山農業が営まれてきた	核心部の広大なエリアが不動産関連会社の所有地となっていたが、市街化調整区域であったので、長年塩漬けになっていた	2012年までに、行政・地元・企業間で協定が結ばれ、自然のままのエリアと、里山エリアに区分して保全活動を継続することに（70、84 P）	開発「弱」ＶＳ保護「中」　▶ ○　かなり良い結果だが私企業所有の不安は残るかも
④横須賀	大楠山一帯	三浦半島の最高部エリア。最高峰の大楠山は展望絶佳として古くからハイキングのメッカであり、西麓には三浦の奇跡とも言うべき孤立隔絶の里山：子安の里が存在した	昭和40年代に広大なゴルフ場開発。バブル期に湘南国際村構想によって1期開発地に建造物多数。平成は2期開発地の造成が進むが、バブル後不況でとん挫	2期開発地は、森に戻すことになったほか、様々な自然体験活動の場として展開（めぐりの森）。元の森は簡単には蘇らないが、いかに良い環境にしていくかはこれから次第（97 P）	開発「強」ＶＳ保護「弱」　▶ △　保護の動きはさほどでもなかったが、敵失で開発ストップになった格好
⑤三崎	小網代の森	源流から海岸に至るまで、一連の川風景が原始のまま残されているのは、関東ではここだけとされる	京急が路線延長を計画、リゾートやゴルフ場などの一体開発を目指す。一方で、ここの自然の価値に気付いた開明派が、従来手法によらない理知的な活動によって一帯の保護を画策する	県費でエリア一帯を買い上げ、5年がかりで木道などを整備。2014年に公開され三崎エリアの新たな観光スポットとなった。ＮＰＯ法人による保護整備活動が続いている（123、134 P）	開発「中」ＶＳ保護「強」　▶ ◎　保護側の綿密且つ粘り強いタクティクスが奏功

146

自然と歴史の連続講座

「中」、元々開発計画のなかった葉山を「弱」とした。保護側では鎌倉、逗子、三崎がそれぞれ熱心で同クラスの「強」となったが、成否については、開発側の強度によって明暗を分けた格好になっている。

かくして、古来の生活活動や近年の開発の圧力と自然保護運動の帰結が、現在の鎌倉＆三浦の動植物の分布を決定づけることになった。中でも、植物の生育分布、すなわち植生はこれ▤での地質・地形・歴史・開発 VS. 保護の結果のもたらす集大成といえるだろう。

さて我々、自然愛好派のハイカーにとっても、この地はホットエリアだ。気持ちよく歩いていると、あちこちで出くわすのが「立入禁止」の看板である。しかも以前は通行ＯＫだったのが、いきなりの禁止で戸惑うこともしばしば。ただ、一言で「立入禁止」として片付けられるものではなく、いくつかのパターン（態様）があり、現地でどれに当たるのかを判断して対応する必要がある（下表）。

これからますます問題になってくるのが、自己責任エリアだろう。とにかく現地での各自の判断力が必要になる。万が一事故が起きた場合に、どこかに訴えようなどと考えている人は決して入らぬことだ。

立入禁止パターン一覧

区分	1 絶対的禁止エリア	2 私有地に付き禁止エリア	3 原則禁止、立ち入る場合は自己責任
	池子の森外周で。これは侵入したらアウト	三戸浜近くのエビカの浜入口。数年前は看板もなく立ち入れたのだが……	森戸林道で。車は入れないが、人は右側を通行できるようになっている
対象地	配水池、米軍基地など	畑や山の道、空き地など	森戸川林道、南岸沿い旧遊歩道など
経緯と現況	安全管理や軍事上の保安の必要から、入れば刑事罰の対象に。戦前ならスパイ、現代はテロリストと見做されるのがオチ。	畑や山林などへの立ち入りは、かつてはおおらかであったが、権利意識の高まりやハイカーや釣り人など利用者の不始末も手伝って、年々禁止看板が増えてきている。一方、畑内であっても市道や町道なら自由に通行できる。	行政の管理する道が崖崩れなどで補修が追い付かない状態で、事故防止の観点から入って欲しくないが、完全に封鎖すると却って苦情が出るようなケース。現地で「立入禁止」と看板がありながら、人の通り道を確保している場合はこのパターンが多い。
取るべき対応	例え柵や金網が破れていても立ち入ってはいけない	どうしても立ち入りたければ許可を取る	入る場合は自己責任を肝に銘じて。エリア内では慎重な行動が必須

鎌倉＆三浦半島 自然と歴史の連続講座 5
モザイクの様に絡み合う植生分布

　鎌倉＆三浦エリアでは、歴史的な古さから半島の隅々まで人手が入って、自然林がそのまま残されている所はごく限られている。さらに戦後の開発は、それまでの人工2次林をも大きく変えることになった。これまでの本講座で確認してきた、地質と地形の複雑さ、歴史の深み、開発と保護の相克、これらが複合的に絡み合った結果が、複雑緻密なモザイク様の植生分布ということになる。

1. 自然林

　人手の入らぬエリアにのみ、手つかずの自然林が残されている。実は純粋な自然林は鎌倉＆三浦では極々僅かしか残されていない。横須賀エリアなら、浦賀の東叶神社裏手の社叢林（しゃそうりん）（➡110P）、猿島や観音崎の人が立ち入れない程の超急斜面などがそれである。海岸沿いではタブノキを中心とする森（叶神社や猿島）が、少し内陸に入るとスダジイ中心の森（鉄塔山地の一部➡102P）が成立している。

背丈を遥かに超す笹ヤブになっている。整備前の、台峯緑地の池の周辺で

対岸から見た、東叶神社（中央下）と裏山を覆い尽くす社叢林

2. 谷戸地形の植生変化

　谷戸の底は水を確保しやすいので、古来田圃として利用されてきた。戦後農業の構造改革で田圃が放棄されると、しばらくはアシやヨシなど湿生植物が優勢となるが、次第に土砂が流入して乾燥が進み笹がはびこるようになる。長期的には照葉樹林に遷移するのだろうが、笹の期間は長い上に、背丈を越すようになると通行困難で景観も宜しくない。近年の里山運動では、この笹ヤブをいかに湿原環境に戻せるのかが課題となっている観がある。徹底的に笹を刈り払い水を引き入れることで、尾瀬を思わせる見事なアシ原が、僅か数年で復元された小網代の森は（➡123P）その好例といえるだろう。◆他の例：鎌倉中央公園（➡17P）、広町緑地（➡22P）、荒井沢市民の森（➡32P）、上山口の谷戸田（➡70P）

3. 里山の2次林

　鎌倉期以前から里山は生活の場であり、特に山の樹木はエネルギー供給源の役も担ってきた。オオシマザクラが薪炭用に、

自然と歴史の連続講座

長沢駅近郊のマテバシイの純林

マテバシイは薪炭の他に船舶材料としても重宝されたのである。中でもマテバシイ（タブノキに酷似しているが他人の空似である）は、原生林と見まごう様な密林をなしていることがあるが（長沢駅近郊→113P）、根元から放射状に幹分れしていることで2次林とわかる。これは一旦伐採された後で、切株を中心に新枝が生えてくる「ひこばえ」が成長したもので、鎌倉＆三浦に広く見られる。大蛇桜（→17P）、大桜（→60ｐ）など、著名な桜の大木も、みなひこばえによるものである。

4. スギ林

　鎌倉外縁から三浦北部にかけては、スギやヒノキも盛んに植林された（➡31P、53P、71P、77P）。全国的には手入れの悪いスギ林が問題になっていて、放置されると枝が伸びまくって花粉が増える上に、林床が昼でも暗い、何も生えない死の世界になってしまう。幸い三浦エリアでは適宜枝打ちがされているようで、適度に明るい林床にはアオキやリョウメンシダ（通常のシダの様な裏面のゴマ模様の胞子がなく、両面が鮮やかなグリーン）が群れを成している所（➡71P、77P）が多い。

未だ細いスギと下生えのリョウメンシダ。二子山近くの尾根上で

トピックス❶「薄い表土」

　三浦エリアでは、固い岩盤の上に薄く表土が乗っかっている所が多い。そのような場所では樹は深く根を張れず、仕方なく表土に広く平面的に広がるようなる。ために強風には弱く、しばし写真の様に横倒しになる。根の広がり方を観察するのにはもってこいであるが。

トピックス❷「ウルシ系の木」

　毒キノコや毒の実に注意、とはよく聞かれるが、「毒樹注意」となると殆ど聞いたことがない。が、注意すべき木はもちろんある。その代表格がウルシ科の木だろう。特に三浦ではハゼノキがよく生えていて、地元では「カセッキ」などとも呼ばれている。

美しく紅葉するハゼノキ。このような羽状複葉の木は要注意だ。

これがクセ者で要注意だ。樹液はもちろん、葉をちぎって出る乳液でもかぶれてしまう。僅かに広町緑地で「ウルシ注意」の看板と共に囲いがしてあるのを見る程度で、他は野放し状態。特に春先から盛夏に活動性が高い。曰く「触らぬウルシに祟りなし」。一方、秋口には他の紅葉に先駆けて、実に美しく深紅に色づく。

鎌倉＆三浦 名山10選

背が低い、アルペンムードにはほど遠い。でもなんだか、心安らぐ居心地の良さがある。歴史の奥深さならどの山にも負けない。それが鎌倉＆三浦の山々だ。

1. 三浦最高峰は悠然としたスカイラインを引く。佐島の畑から

2. 右が下二子、左が上二子。遠方からも目立つ山。鷹取山から

4. 山脈としての独立感では群を抜く。右が武山、左が砲台山

7. 小さくまとまった可愛いプチ山地。長者ヶ崎の浜辺から

	山名	エリア	標高(m)	特徴コメント	展望度	休憩適度	参照ページ
1	大楠山	横須賀	241.3	三浦丘陵最高峰。展望塔からは半島随一のパノラマ	★★	☆	89、93、96、101ページ
2	上二子山	葉山	207.8	標高は三角点の値で、最高部は210m超ある	★	☆	77ページ
3	畠山	横須賀	205.2	三面観音像あり、横須賀港の展望	★	☆	63、78ページ
4	武山	横須賀	200	不動尊のある位置の標高は206m相当	★	☆☆	113ページ
5	天園（六国峠）	鎌倉南横浜	157.7	2.5万図では159mとなっているが	★	☆	25、29、35、45ページ
6	大丸山	南横浜	156.8	横浜市最高峰とされている	★	☆	42ページ
7	三ヶ岡山（大峰山）	葉山	148.3	整備された遊歩道で全山縦走できる安心感がある	★	☆☆	81ページ
8	六国見山	鎌倉	147.3	展望台からの、鎌倉方面のうねるような山の情景は印象的	★★	☆☆	25ページ
9	鷹取山	横須賀	139	公園全体が屋外アート展の雰囲気	★	☆☆	49ページ
10	衣張山	鎌倉	120.1	山頂から鎌倉市街地が大きく広がる	★★	☆	31ページ

展望度　★★単に眺めがいいのみならず+αの感動あり　★眺めがいい
休憩適度　☆☆ベンチなどあってゆっくり昼食もとれる　☆山頂部が広く休憩に好適

鎌倉&三浦 名海 10選

鎌倉&三浦といえばなんといっても海。海の景観なら日本中どこに出しても恥ずかしくない。地層と地形の多様性が、小さな面積にバラエティー溢れる海岸風景を作り出している。

	海名	エリア	区分	特徴コメント	参照ページ
1	稲村ヶ崎	鎌倉	磯と浜	七里ヶ浜と江の島・富士山の縦構図が絶品	22.36 ページ
2	海の公園	南横浜	浜	人工とは思えない広さ・開放感。近未来的景観	46 ページ
3	小磯海岸	葉山	磯と浜	北に一色海岸、南に大浜海岸を従えた草原状の岬	81 ページ
4	たたら浜	横須賀	浜	コーラルビーチもどきの白い砂浜	105 ページ
5	燈明崎	横須賀	磯と浜	東京湾に突き出す岬の中では最もワイルド風	109 ページ
6	荒崎	横須賀	磯	その名の通りの荒々しい景観に圧倒される	120 ページ
7	黒崎の鼻	三崎	磯と浜	浜・磯そして壇上の草原、それぞれのコラボが見事	123 ページ
8	江奈湾の干潟	三崎	干潟	潮の干満によって姿を一変させる干潟マジック	128 ページ
9	千畳敷	三崎	磯	地層と地殻変動が様々な造形を岩上に刻んでいる	131 ページ
10	城ヶ島南東部	三崎	磯	岩の造形の複雑多岐さではナンバーワン	132 ページ

いつ来ても期待どおりな稲村ヶ崎からの江の島の眺め

ジェットコースターの曲線はここのオンリーワン風景だ

地層の逆転は、時にユーモラスな景観を造り出す

絶景にもかかわらず、有名とはいい難い洞門

鎌倉&三浦 名森 ⑩選

植生区分では太平洋側の暖地の森に当たるが、人手が加わることで多様性を増している。優先種が広大な面積を占めることなく、多種がモザイク状に絡み合っているのが、当地らしい。

② 静謐な池面に真紅の枝葉が映える

⑥ 菜の花の鮮やかさにも負けず、堂々の自己主張

⑤ 手入れの行き届いた竹林は清々しさ満点

⑨ 枝同士が程よくシェアして、見事なシルエットを描き出す

	森の位置	エリア	主な樹種	特徴コメント	参照ページ
1	獅子舞	鎌倉	イチョウ、モミジ	イチョウの黄とモミジの紅が見事にコラボ	45ページ
2	瀬上池	南横浜	ケヤキ、モミジ	森の深部に大きな池が位置する配置の妙	41ページ
3	中尾根	葉山	カシ、シイ類	長い尾根上に様々な明度の森が連なる	69ページ
4	森戸川林道	葉山	スギ	広い河床部にすっくと立つスギ木立	66、69、73ページ
5	畠山一帯	横須賀	アオキ、竹	広くアオキに覆われた山頂と、山麓の竹林	63、78ページ
6	大楠山西尾根	横須賀	オオシマザクラ	2次林なればこそ開花期は見事な姿に	89、93ページ
7	東叶神社裏山	横須賀	タブノキ、ウバメガシ	神社の森ゆえに原始の姿が守られた	110ページ
8	鉄塔山地(仮称)	横須賀	スダジイ、マテバシイ	貴重な自然林が多く残る、森の群れ	102ページ
9	長沢駅近郊	横須賀	マテバシイ	駅のごく近くに成立した奇跡的な森	113ページ
10	小網代の森	三崎	タブノキ他	林床のアスカイノデとのコンビで魅せる	123ページ

鎌倉&三浦 名道 10選

古来、人が活動する場所では道が開かれた。鎌倉&三浦では、古代から現代までの各時期に造られた道が錯綜している。鎌倉期の切通し道から平成の木道まで、変化と魅力に富む道を厳選。

	道名	エリア	該当区間	長さ	特徴コメント	参照ページ
1	朝夷奈切通し	鎌倉	朝夷奈入口―太刀洗滝	900 m	鎌倉幕府3代執権：北条泰時が開削	25、35、53ページ
2	大仏切通し	鎌倉	火の見下―切通し	500 m	部分的な峻険さでは朝夷奈を上回る	21、36ページ
3	鎌倉アルプス	鎌倉	天園―勝上獄	2100 m	時に、岩を洞門状に穿つ人気のコース	25、35ページ
4	おおやと歩道	南横浜	大谷戸休憩所―源流	700 m	大岡川源流をゆったりと散策できる	41ページ
5	神武寺裏参道	逗子	逗子中学校奥―神武寺	700 m	地面の凝灰岩をそのまま階段に	50ページ
6	森戸川林道	葉山	林道ゲート―中央広場	2300 m	深閑とした森の底をゆったり歩ける	66、69、73ページ
7	猿島要塞道	横須賀	下の道全線	350 m	煉瓦の壁と隧道が連続する古城風の道	87ページ
8	武山縦走路	横須賀	三浦富士の西―砲台山	750 m	砲台山への弾薬・物資の補給路がルーツ	113ページ
9	前田川遊歩道	横須賀	林道奥―前田橋の全線	1600 m	清流に沿って水との邂逅を楽しめる	93、98ページ
10	小網代木道	三崎	引橋入口―えのきテラス	1200 m	源流から干潟へ、短距離早送りの魅力	123ページ

1 両壁が垂直に開削されているのがなんとも凛々しく見える

6 林道ながらも川に沿い、樹の間隔も適度で森林浴に最適

7 元の軍用道路が歳月を経ると、かような味わいを出す妙

10 他の諸道からすれば出来立てホヤホヤ。風合いは今後次第

153

鎌倉＆三浦半島十三湯

近頃人気の日帰り温泉施設は、三浦エリアでも確実に増えている。一方で昔ながらの温泉や銭湯が廃れつつあるのは寂しいが、今なお頑張る銭湯も組み合わせることで、ほぼエリア全体を網羅することができた。

1。ひばり湯

狭いが楽しさのある銭湯。大船駅から徒歩3分なので、温泉施設の少ない西海岸のコースで、途中下車して利用できる
料金▶470円　休▶水、第3木　営業▶平日13:00～23:00、土日は10:30～、土日以外の祭日は平日扱い
電話▶0467-46-5324　入浴後の食事▶大船駅周辺に飲食店が多数
●該当コース／3, 4, 10, 11, 13～17, 19, 21

2。稲村ヶ崎温泉

レストランMAINの2階で、家族風呂もあり。黒っぽく滑らかな泉質もよい。
料金▶1500円　ただし、7・8月、年末年始、GWは1700円
休▶無休　営業▶9:00～21:00　電話▶0467-22-7199
入浴後の食事▶1Fは系列のレストランMAIN
●該当コース／2, 6

3。清水湯

昭和の銭湯そのまま。建物入口から男女別、番台が脱衣場の境界に位置。歴史的存在価値
料金▶470円　休▶月水金休業（祝日営業）　営業▶15:00～21:00
電話▶0467-22-4697
入浴後の食事▶鎌倉駅周辺へ
●該当コース／1, 5, 10

4。あづま湯

2020年に全面リニューアル。5種の浴槽があり、スーパー銭湯ミニ版といったところ。銭湯ながらシャンプー・ソープ完備なのはありがたい。
料金▶490円　休▶木曜休業
営業▶15:00～22:30、土日祝は13:00～　電話▶046-871-3929
入浴後の食事▶東逗子駅周辺に数軒の飲食店あり
●該当コース／9, 13, 14

5。海と夕日の湯（ソレイユの丘）

名前通り、つかりながらにして夕陽が見られる露天風呂が売り
料金▶700円　休▶無休　営業▶10:00～21:00
電話▶046-857-2500
入浴後の食事▶施設内レストラン
●該当コース／26

6。京急ホテル油壺観潮荘

海洋深層水を加熱した湯で塩辛い。海の見える露天風呂あり。
※土日祝と盆・正月など繁忙期は16:00まで受付
料金▶1200円　休▶無休
営業▶11:00～22:00　水曜は14:00～　電話▶046-881-5211
入浴後の食事▶活魚レストラン潮彩　11:00～L.O.19:00
●該当コース／27

7。マホロバ・マインズ三浦

大型ホテルの上階にあり、ホテルフロントで受け付け。庭園調の露天風呂は三浦随一のムードだが、男性は午前、女性は午後
料金▶1000円　休▶無休　営業▶9:00～11:00、12:00～22:00
夏期は14:00まで　電話▶0120-046-889
入浴後の食事▶レストラン「花かづら」でランチ、11:30～L.O.13:30
●該当コース／25, 28, 30

8。野比温泉

外観は古いが、浴室は総タイルにリニューアル。滑らかさ極まる泉質の良さは特筆もの　休▶水曜休業
料金▶1000円、17:00以降700円、毎月10・20・30日は終日500円
営業▶11:00～21:00　電話▶046-848-1430
入浴後の食事▶昭和チックな宴会場で簡単な飲食ができる
●該当コース／22

9。海辺の湯　久里浜店

フェリー発着所に近い。ビルの3階で浴室も洗い場も広い。港を見下ろす露天あり
料金▶780円、土日祝日は880円　休▶無休　営業▶9:30～23:00
電話▶046-838-4126
入浴後の食事▶1階に海鮮レストラン、2階に食事処あり
●該当コース／22, 24

10。SPASSO（観音崎京急ホテル）

観音崎京急ホテル付属の湯で、ハイソ度ではNo.1。料金は高いが、「よこすか満喫きっぷ」「三浦半島まるごときっぷ」（→156ページ）があれば無料。「三浦半島1DAYきっぷ」では400円の割引き。ホームページからなら200円の割引きがある。
料金▶平日2000円、土日祝日2500円　休▶無休
営業▶10:00～23:00　電話▶046-844-4848
入浴後の食事▶レストラン浜木綿11:30～15:00　ランチ＋入浴割引きあり
●該当コース／23

11。湯楽の里（ゆらのさと）

東京湾を眺める露天風呂がある外、半露天の寝湯が気持ちよく、ゆっくり浸かれる。食堂・土産売り場とも、全体に広くゆったり。
料金▶1280円（土休日）、1080円（平日）　休▶無休
営業▶9:00～0:00　電話▶046-845-1726
入浴後の食事▶食事処「天風」10:00～23:00
●該当コース／23

12。佐野天然温泉 湯処のぼり雲

町中に忽然とある総合温泉施設。浴槽は露天を含め各種が揃い時間をかけて楽しめる
料金▶1000円　休日・繁忙期は1100円
休▶無休　営業▶9:00～24:00　電話▶046-851-2617
入浴後の食事▶食事処「海山十題」メニュー豊富、横須賀グルメも多彩
●該当コース／20

13。シーサイド・スパ八景島

浴室は広くはないが、露天を含め浴槽の種類が多い。
料金▶1300円　★ネット割あり　休▶無休　営業▶10:00～23:00
電話▶045-791-3575
入浴後の食事▶海鮮レストラン「あおみ」、洗練されたメニュー
●該当コース／8

★上の表の情報は2021年9月現在のもの。温泉施設は時間や料金の変動が頻繁であり、コロナ禍により営業時間を短縮している場合もあるので、ネット等で最新情報を確かめて欲しい。
※無休の施設でも、メンテナンスのための不定休はある

鎌倉＆三浦半島への交通アクセス

　交通至便な鎌倉＆三浦エリア。車の利用は渋滞や駐車場を考えると、問題外。電車関連（ＪＲ横須賀線、京急線、湘南モノレール、江ノ電、金沢シーサイドライン）はほとんどが10分置きくらいの運行なので、あえて事前に調べておかなくても良いだろう。

◆使い方次第でオトクなフリーきっぷ（京急）
いずれも京急線各駅（ごく一部を除く）で発売

きっぷ名	フリー乗車区間	料金	お得な使い方・コース
三浦半島 1DAYきっぷ ※2日間有効の 「2DAYきっぷ」もあり	電車：金沢八景以南 バス：鎌倉ー金沢八景以南の京急路線のほぼ全域	品川 1960円 横浜 1440円	横浜発では、三浦海岸以南からバスに乗るようなコースならおトクになる。品川発ならそれに加え、逗子・葉山からバスで立石以遠まで往復で乗ればおトク。また様々な施設での割引特典あり
みさきまぐろきっぷ	三浦海岸駅ー三崎口駅ライン以南のバス、荒崎・ソレイユの丘へのバス	品川 3570円 横浜 3480円	27、28、29の各コース
葉山女子旅きっぷ （男性も購入可）	逗子駅から西海岸の前田橋までのバス	品川 3500円 横浜 3300円	17コースが往復フリー区間にあたる。14、15、16は一部路線がフリー外になるので使い方次第
よこすか満喫きっぷ	観音崎から、横須賀駅と浦賀駅までのバス	品川 3110円 横浜 3010円	18、23。双方ミックスなら◎ SPASSOが無料なのは大きい
三浦半島まるごときっぷ	三浦半島1DAYきっぷと同じ	品川 4660円 横浜 4250円	2日間有効、採算の分岐点はセット券の使い方次第

☆「みさきまぐろきっぷ」以下は、食事や土産券とセットになっていて、それらも利用しないとペイしない
☆東京方面からなら、横浜発よりも品川発にした方が断然おトク。特に「みさき」「葉山」「よこすか芸術劇場」で顕著
☆問い合わせ：京急ご案内センター☎ 03-5789-8686 または ☎ 045-441-0999

◆バス利用について
　バスについては運行本数にかなりのバラつきがある。各コースの「交通アクセス」で1時間に3本以下くらいの路線は事前に時刻を確認しておくとよい。時刻については、現地営業所に問い合わせる他、運行会社のホームページ、または次ページの「神奈川バス案内」のサイトで検索した方が情報量も多く便利だ。

営業所名	電話番号	主な担当路線
京浜急行バス逗子営業所	046-873-5511	逗子駅・逗子・葉山駅発着の路線
京浜急行バス衣笠営業所	046-851-5500	衣笠駅・横須賀駅発着路線、衣笠〜逗子駅
京浜急行バス三崎営業所	046-882-6020	三崎口駅・三浦海岸駅発着の路線、三崎口〜横須賀駅
京浜急行バス鎌倉営業所	0467-23-2553	鎌倉駅・大船駅発着の路線、鎌倉駅〜逗子駅、鎌倉駅〜金沢八景駅
京浜急行バス堀内営業所	046-822-5711	横須賀駅〜観音崎
神奈中バス横浜営業所	045-891-7111	金沢八景駅〜大船駅
江ノ電バス大船案内所	0467-46-3477	大船駅東口交通広場〜今泉不動

★バス時刻表のWEB検索の仕方　※「金沢八景駅」で乗車して「朝比奈」で下車するケース

① 「神奈川バス案内」で検索し、「（一社）神奈川県バス協会バス情報総合利用案内システム」へアクセス

② 「一般路線バスに乗る」の「バス情報・時刻表を調べる」クリック

③ 「出発地」ボックスに「金沢八景駅」、「目的地」ボックスに「朝比奈」を入力、「検索」クリック

④ 該当路線がすべて出てくる。複数出てきたら、どれかひとつ系統番号を覚えるか控えておく。

　　ここでは「鎌24」の行を選択することにして、同じ行の右端「詳細」クリック

⑤ 「金沢八景駅」の時刻表列の時計アイコンをクリック

⑥ 他の路線も含め一覧表が出てくる。先に控えておいた路線名「鎌24」の「ＰＤＦ」または「HTML」をクリック（同じ路線No.が複数出てきたら、上りと下りなのでどちらか該当する方を）

⑦ 乗車停留所の時刻表が出てくる。平日・土曜日・日祝日の区分に注意！

※一部にうまく作動しない路線もある。その場合は各バス会社のホームページへ。

★利用頻度で大半を占める京急バスの場合、**京急バスロケーションシステム**をスマホにダウンロードしておくと便利。最初の画面で「都内運行情報」を選択（これは改良されるかな？）→「出発バス停」と「到着バス停」を入力→「検索」を選択すれば、該当バスの走行現在地をバスのアイコンで教えてくれる。なお、通常の時刻表検索機能も備えている。

地図あれこれ　上手に使いこなそう！

　鎌倉＆三浦エリアの山歩きでは、山中と町中双方の地図を使い分けなければならない。残念ながら本書付属の地図は万全とはいえないので、必要に応じて市販その他の地図を併用して、各種組み合わせると良い。（例：町中は都市地図、山中は国土地理院地図、など）

　なお近年はスマホ利用の地図アプリが長足の進歩を遂げ、山中と町中の矛盾を解決してくれる究極の MAP ともいえる。いずれは（あるいは既に）主力になるのだろうか。

媒体	地図名	入手方法	長所	短所	町中	山中
紙	国土地理院1万分の1地形図	大型書店	非常に細密。等高線から地形を読み取るならピカイチ	大楠山以南はカバー外。10年以上更新がない。品切れあり。	○	◎
紙	国土地理院2万5千分の1地形図	大型書店	地形全体を大づかみするのに適している。「地形を読む」力を付けるのに最適	通常の山歩きでは万能に近いが、三浦エリアの細密地形には間に合わないイメージ	○	○
紙	都市地図（昭文社）	書店コンビニ	町中は詳細。下界限定用で持参すると良い。各市町村単位で刊行	山中は一部の主要ハイキングコースが記載されている程度	◎	△
WEB	地理院地図	「地理院地図」で検索	大きさ自在、家の一軒一軒まで拡大できる	拡大し過ぎるとプリントアウトが追い付かない	○	◎
WEB	グーグルマップ	「グーグルマップ」で検索	空撮写真とも連動、コンビニやバス停の情報もある	山中では主要コースの道マークがある程度	◎	△
WEB	マピオン	「マピオン」で検索	コンビニやバス停の情報あり。中心位置の標高がわかる	山中では主要コースの道マークがある程度	◎	△
スマホアプリ	地図ロイド（無料）他	スマホへダウンロード	大きさ自在、自分の現在地まで教えてくれる。地図の革命であり、ある意味万能だが……	画面が小さいと「木を見て森を見ず」になりがち。現在地追尾モードだと電池消耗が激しい	◎	◎

巻末トピックス

日本百名山と鎌倉＆三浦半島の山々

丹沢・花立からの眺め

「日本百名山」、現代ニッポン山岳界にあって最強（？）にして最も有名なブランドである。元々は作家の故深田久弥が自身の独断で選定したものだが、昭和39年に書として刊行され版を重ね、やがては広く登山者の目標となるに至った。今では山岳関連経済までが百名山を中心に回っているような、社会現象と化した感がある。

残念というより当然ながら鎌倉＆三浦の山々は百名山とは縁がない。神奈川県全体でも選定されたのは丹沢山（個々の山ではなく丹沢山地全体として）ただ一つである。ただし、鎌倉＆三浦の山からいくつもの百名山を見ることが出来る。展望台の代表格はやはり最高峰の大楠山で、南アルプス（間ノ岳、塩見岳）・奥秩父（甲武信ヶ岳など）・赤城山・日光連山（男体山など）・筑波山などが眺められる。逆にそれら百名山から、上から目線で三浦半島を見下ろしてみよう。丹沢から見る半島は、中部以北は低山の連なりだが、南側は厚手のボール紙を敷いた様なスタイル。海から崖状に立ち上がり、上面は広々した畑が広がっている地形そのものだ。

さて、百名山と鎌倉の山には思わぬ接点がある。百名山の始祖である深田は、戦前は鎌倉文士の一人として川端康成や小林秀雄とも親交があった。当然、鎌倉＆三浦の山にも足を踏み入れていたはずであるが、まとまった紀行文は見当たらない。ところが、昭和37年に「山と遭難」（『山さまざま』朝日新聞社刊 深田久弥山の文庫5より）と題したエッセーを著しており、遭難の現状と対策・心構えについて述べているのだが、そこにこんな一節がある。

以前鎌倉に住んでいた時、私はよく裏山を歩いた。低い丘陵地帯であるが、案外地形がこみ入っていて、私はよくそこへ迷い込んでは出口をあてるのが楽しみだった。

諸君も居住地付近の低いヤブ山にもぐりこんで、道に迷った時の練習をするといい。そんなことを繰り返していると、しぜんに山に対するカンが身についてくる。………

なんと、ここに鎌倉＆三浦の山の特徴が簡潔にポイントを押さえて述べられているではないか。尾根と谷が複雑に入り組み迷いやすいが、里や町と表裏一体だから抜けやすいと。遭難対策のための「練習の場」に過ぎない点は、少々心外ではあるが、百名山と鎌倉＆三浦の山とのさりげない縁に、思わずにんまりしてしまうのである。

大楠山からの眺め

158

ネイチャー&ヒストリートーク ７

マクロに知ろう！

護られ引き継がれるべき里山の風景。鎌倉中央公園で

Mr.マック：鎌倉＆三浦半島をひと通り歩いてみての感想はいかがかな？

みゅう：ここって、とっても狭いエリアでしょ。山中や海辺に限っていえば、丹沢や箱根の数分の1もないじゃない。それがどうして、これほど変化に富んでいるのかしら。

Mr.マック：日本列島は世界の地質の中でも特異で、極めて活動的だとされているね。そのニッポンの中でも、三浦半島一帯は最もホットなエリアなんだ。プレートが沈み込む相模湾が真横に控え、著しい堆積と上下運動が続いた結果、細密な地形が造形されたわけだよ。

みゅう：地図を見ると、三浦半島は山ひだも海岸線も他よりずっと複雑だわ。

Mr.マック：さらには、地質と地形が歴史を造りもするんだ。細かい山に囲まれた地形に着目して、頼朝は鎌倉に幕府を開いたわけだからね。そして鎌倉と三浦を舞台に数々の合戦が繰り広げられた。もちろん、経済や文化の分野でも華やかになったわけだけれども。

みゅう：地質が活動的な所では、結果的に人間活動も活発になるんだわ。

Mr.マック：そうした地政学的なＤＮＡは、今なお引き継がれているんじゃないかな。三浦エリアの各所で、開発と自然保護の相克が火花を散らしてきたから。

みゅう：戦（いくさ）、の現代版っていう感じかしら。

Mr.マック：そんな戦の炎の中から、この地の新しい自然環境が生まれてきているともいえるよ。鎌倉なら広町や台峯、横浜の荒井沢や瀬上市民の森、その他も実に賑やかだね。

みゅう：小網代の森の整備完了と公開開始は、最大のイベントだったわ。

Mr.マック：細かいところでは、立入禁止エリアが増えたり、車道が新たに開通したりなんて、あちこちだ。1年後には、本書の記述と変わってしまっている所は多いだろうし、5年先10年先となると、激変しているんじゃないかな。変化の速さは、他の山エリアとは比べ物にならないね。

みゅう：ハイキング的にも、ニッポン有数のホットエリアなのね。歩くことは好きだけど、それでわかることってあるかしら。

Mr.マック：大ありだよ！ 山や海のハイキングを通じてこそ、見えてくる世界はあると思うんだ。とにかく歩いて、見たり聞いたり感じたりしながら、鎌倉＆三浦半島の自然や歴史を総合的に理解して欲しいな。それが更なる興味を引き出して、今後のハイキングやタウンウォークがより実り多いものになるはずだからね。

みゅう：私みたいな山好きハイカーこそ、鎌倉＆三浦半島を最もマクロに知ることができるってことね。それも、たった半日で楽しめちゃうんだから！

樋口一郎（ひぐち いちろう）

1960年生まれ。横須賀市在住。山に親しみ、山を伝えることを使命と考える「山楽ライター」。ニッポンの山→かながわの山→鎌倉＆三浦の山、と体系的に山を捉えることが信条。本書の初版から僅か4年、三浦エリアの変化の速さには驚くばかり。著書に『ニッポンの山解体新書』『新釈日本百名山』（以上、東京新聞）、共著に『安全登山の基礎知識』（日本山岳検定協会）。

雪の砲台山山頂で。ストック一本、即興で富士山を描き上げて、俄か芸術家を気取る。

改訂版 鎌倉 & 三浦半島
山から海へ 30コース

2019年11月22日　第1刷発行
2023年 5月21日　第4刷発行

著　者　　樋口一郎
発行者　　岩岡千景
発行所　　東京新聞
　　　　　〒100-8505 東京都千代田区内幸町2-1-4
　　　　　中日新聞東京本社
　　　　　電話　［編集］03-6910-2521
　　　　　　　　［営業］03-6910-2527
　　　　　FAX　03-3595-4831

装丁・本文デザイン　　中村 健（MO' BETTER DESIGN）
イラストレーション　　脇野直人
地図製作　　　　　　　奥村紀和夫
印刷・製本　　　　　　株式会社シナノ パブリッシング プレス

©Ichiro Higuchi 2019, Printed in Japan
ISBN978-4-8083-1041-7　C0075

◎定価はカバーに表示してあります。乱丁・落丁本はお取りかえします。
◎本書のコピー、スキャン、デジタル化等の無断複製は著作権法上での例外を除き禁じられています。
本書を代行業者等の第三者に依頼してスキャンやデジタル化することは、たとえ個人や家庭内での利用でも著作権法違反です。